中国物流仓储装备产业发展研究报告

China Logistics Equipment Industry Development Report

(2016—2017)

主　编　陆大明
副主编　周奇才　张伟光　周　云
参　编（按姓氏笔画排序）
王　恺　方　华　田　原　刘国良
纪　凯　杨光辉　邱伏生　汪　萍
宋海萍　张　洁　陈涤新　罗丹青
赵　炯　彭　锋　韩雄飞　熊肖磊
魏瑜萱

机械工业出版社

本书从企业调研数据和企业访谈出发，详细介绍了物流仓储装备产业的地位和现状，立足物流仓储装备产业相关数据和现状对物流仓储装备产业进行了问题分析、技术分析和发展环境分析，将国内外物流仓储产业的发展历程和发展脉络展现在读者面前，可以使读者对国内外物流仓储装备产业有一个较为深入的认识；另外，还从市场、技术、环境等方面入手，浅析了物流仓储装备产业的发展趋势，可以帮助读者更清晰地展望物流仓储装备产业的未来。

本书可供物流仓储行业从业人员、政府部门相关人员参考。

图书在版编目（CIP）数据

中国物流仓储装备产业发展研究报告. 2016—2017/陆大明主编. —北京：机械工业出版社，2018. 12

ISBN 978-7-111-61256-8

Ⅰ. ①中…　Ⅱ. ①陆…　Ⅲ. ①物流企业-企业发展-研究报告-中国-2016-2017②仓储企业-企业发展-研究报告-中国-2016—2017　Ⅳ. ①F259. 23

中国版本图书馆 CIP 数据核字（2018）第 259878 号

机械工业出版社（北京市百万庄大街 22 号　邮政编码 100037）

策划编辑：周国萍　责任编辑：周国萍　雷云辉

责任校对：黄兴伟　刘雅娜　封面设计：马精明

责任印制：李　昂

北京瑞禾彩色印刷有限公司印刷

2018 年 12 月第 1 版第 1 次印刷

184mm×260mm · 8. 5 印张 · 183 千字

标准书号：ISBN 978-7-111-61256-8

定价：59. 00 元

前 言

2014年，国务院发布了《物流业发展中长期规划（2014—2020年）》，这是我国物流业发展的纲领性文件，同时将物流产业定位为支撑国民经济发展的基础性战略新兴产业。规划要求，到2020年，基本建立布局合理、技术先进、便捷高效、绿色环保、安全有序的现代物流服务体系。规划明确的中长期发展战略目标，是指导我国物流业“新常态”下发展的顶层设计蓝图。

结合实施“中国制造2025”和“互联网+”的战略要求，我国物流装备市场逐渐展现出一些新的趋势变化。物流仓储装备的用户企业对信息化、自动化、智能化的需求不断增长，物流仓储装备及系统已逐渐成为企业信息技术和先进制造业相结合的重要组成部分，成为智能制造中整合企业物流、工艺流、信息流等的关键因素。以“互联网+”高效物流为标志的“智能物流”加速起步，催生了一批新模式、新企业、新业态。这又给我国物流仓储装备行业的发展打了一剂“强心剂”。可以预计，未来8~10年将是我国物流仓储装备行业的战略机遇期。

在中国工程科技知识中心制造业分中心的大力支持下，中国机械工程学会以国家发展战略目标为导向，组织编写了这本《中国物流仓储装备产业发展研究报告（2016—2017）》（蓝皮书）。主要目的一是及时向有关企业报告行业发展的全面情况，指导企业通过数据深入剖析自身的优劣势，能更加准确地把握市场动态；二是提出科学合理的报告，为政府和官方组织提供一个客观公正的行业发展描述，便于准确制定相关政策，引导行业发展；三是为国际交流提供真实可信的行业状态数据，在相关国际学术交流中，让世界了解真正的中国市场。

《中国物流仓储装备产业发展研究报告（2016—2017）》立足于对现有物流仓储装备产业的调研和有关数据的收集分析，对行业的规模、技术等现状有较为完善的描述和分析，通过对有关数据的研究，得出了科学的结论，填补了行业有关方面的空白，对行业具有里程碑式的指导意义。同时分析了行业发展存在的问题，提出了建议性的举措和发展趋势，对我国行业发展将起到极大的推动作用，也将会引导物流仓储装备产业朝着规范、健康、有序的方向发展。

《中国物流仓储装备产业发展研究报告（2016—2017）》紧跟实践需求，立足当下，展望未来。本书利用大数据进行信息的采集和分析，对有关产业进行分析和定位，并对相关技术进行了介绍和展望，可以使有关企业无论是从宏观方面还是微观方面都能有清晰的认识，使有关企业可以较为准确地得到自身的定位，对于企业的发展有良好的指导作用。

《中国物流仓储装备产业发展研究报告（2016—2017）》研究和分析了相关行业的政策与环境，这将使物流仓储行业有关从业人员和有关企业有典章可循、有方法可依，对于相关企业履行社会义务、承担社会责任并获得社会效益起着支撑作用。书中对于物流仓储装备产业人才建设有关的分析对于企业的后备力量建设起到了一个引导借鉴的作用，这将使行业相关企业能够更加集约地利用社会资源，提高资源利用效率，实现经济效益长期发展。

我在这个行业工作了 30 多年，可以说是看着这个行业从小到大，一步一步走过来的。目前，该行业尽管发展很快，但是也潜伏着巨大的危机，过度的恶性竞争，使我们很多企业处于微利或无利甚至亏损状态，根本没有投入科技创新的动力和能力，我们和世界技术领先的大公司相比，始终处于跟跑状态。所以由中国机械工程学会牵头组织，联合同济大学、中国机械工程学会物流工程分会、中国重型机械工业协会物流与仓储机械分会、中国工程机械工业协会工业车辆分会等单位，将定期组织编写《中国物流仓储装备产业发展研究报告》，希望能够正本清源，特别是能够及时正确描绘行业发展的轨迹，让社会对该行业有一个清晰的认识，给行业发展提供理性的思考，还市场良性竞争环境。

《中国物流仓储装备行业发展研究报告（2016—2017）》在编委会全体同志的共同努力下，终于编写完成了。在编写和出版过程中，还得到了行业内外许多专家、学者的指导和帮助，在此一并表示感谢！同时，由于时间仓促以及经验不足，书中不完善或错误之处，敬请读者批评指正。

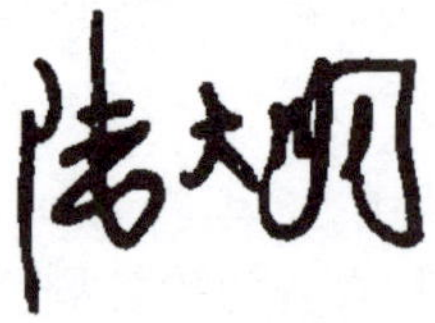

目　录

第1章 概论

现代社会的物流概念，始于第二次世界大战，当时其意为“军事后勤”或“实物配送”（Physical Distribution，PD），经过多年的演绎和发展，成为今天人类社会经济活动的现代物流（Logistics）。中国的物流术语标准将物流定义为：物流是物品从供应地向接收地的实体流动过程中，根据实际需要，将运输、储存、装卸、搬运、包装、流通加工、配送、信息处理等基本功能有机结合起来实现用户要求的过程。

我国物流相关行业的发展经历了计划经济和社会主义市场经济两个时期，20 世纪 80 年代初以前、20 世纪 80 年代初至 90 年代中期和 20 世纪 90 年代中期至今三个阶段。在第一阶段，即 20 世纪 80 年代初以前，由于我国处在计划经济体制，物资的生产、运输、仓储和销售等都由国家控制，物资不能按市场规律有效流动，企业没有自主经营的空间，社会也没有物流的概念，更缺乏有关物流理论的研究。第二阶段，即 20 世纪 80 年代初至 90 年代中期，是我国对物流及物流仓储装备技术积极引进、消化和自我发展的阶段。由于社会主义市场经济空前发展，物流的重要性被广泛关注。在此阶段，西方国家物流相关学科理念也由实物配送转向了现代物流并出现了第三方物流理论。我国在参考西方国家先进经验过程中逐步建立起现代物流理念，形成了物流仓储装备和物流产业。第三个阶段，即 20 世纪 90 年代中期至今，我国现代物流仓储产业蓬勃发展，其特征是物流产业高速发展，形成了巨大的产业市场。在硬件方面，我国大规模建设了物流基础设施和物流园区，物流效率大大提高，信息化、标准化程度和物流管理水平也不断提高。在软件方面，相关院校及研究所方面的物流学科体系初步形成，综合物流学科得到了长足发展，企业对物流领域中存在的“第三利润源”有了深刻认识，通过优化企业内部物流管理来降低物流成本，成为多数企业最为强烈的愿望和要求。物流产业的国际合作和交流也日渐广泛、深入，不断向全球化发展。

物流业是国家经济支撑性产业，2009—2016 年，全国社会物流总费用在 GDP 中的占比由 18.1%下降至 15.5%，但与发达国家物流费用占 GDP 约 10%的比例相比还有很大差距。提高物流效率、降低物流成本已成为政府、物流企业与其客户力争实现的目标。

政府方面，国家有关部门近年来对于物流有关行业的发展出台了若干调查报告、研究与规划。2014 年国务院发布了《物流业发展中长期规划（2014—2020 年）》，将物流产业定位为支撑国民经济发展的基础性战略新兴产业。规划要求，到 2020 年，基本建立布局合理、技术先进、便捷高效、绿色环保、安全有序的现代物流服务体系。随着“中国制造 2025”“互联网+”等国家战略政策和“一带一路”倡议的推进，国际产能合作规模的扩大以及国际物流合作本身的发展，为中国和相关国家物流系统建设、运营，以及依托物流企业的物流服务，实现物流产业的扩张发展带来了巨大的机遇。物流与“走出去”产业布局的紧密结合，并非简单的国际物流设施投资和运营，而是打造由中国投资建设现代物流与关联产业的联动发展，为物流产业提高发展层次和水平带来机遇。2016 年 7 月，国务院常务会议部署推进“互联网+”高效物流，我国物流仓储装备逐渐展现出一些新的变化趋势。智能物流以信息技术为支撑，在物资的运输、仓储、包装、装卸搬运、流通加工、配送、信息服务等各个环节实现系统感知，能大幅提高物流效率，降低物流成本。2017 年至今，随着中国物流发展与形势分析会、世界人工智能大会等一系列具有影响力的会议的召开，全国物流行业都已达成共识，以现代信息技术为标志的智慧物流已成为物流业供给侧结构性改革的先行军。特别是电商物流的迅猛发展，不断刷新着物流业的历史纪录，解决了一个又一个世界级的物流难题，催生出各种新的商业模式和业态，现代智能物流已经进入了快速发展的新阶段。

企业方面，首先，根据“中国制造 2025”战略纲要要求，为适应和满足“定制化”“协同化”“服务化”的产品特点要求，在原来“企业物流”“生产物流”或“制造物流”的基础上，提出“智能制造物流协同”“智能物流”理念，引领出“大物流小生产”思维，创新出智能物流协同共性技术。其次，从物流系统理论及规律出发，进一步研究自动化仓储系统（Automated Storage and Retrieval System，AS/RS）、物流装备（Logistics Equipment，LE）、物料处理（Material Handling，MH）等面向产业战略发展要求的技术创新规律，提出物流仓储装备产业发展的关键技术。根据中国物流与采购联合会数据，当前物流企业对现代物流的需求主要包括物流数据、物流云、物流设备三大领域，2016 年智能物流市场规模超过 2000 亿元，预计到 2025 年，智能物流市场规模将超过万亿元。智能仓储在快递、电商、冷链、医药等高端细分领域快速推进。各电商企业积极开发全自动仓储系统，使用智能仓储机器人，开展无人机配送，充分利用仓储信息，优化订单管理，大幅提高仓储作业的机械化、自动化和信息化水平。新兴产业的发展也催生出技术的创新要求，以“互联网+”高效物流为标志的“智能物流”加速起步，催生出了一批新模式、新企业、新业态。

客户方面，用户企业对装备的信息化、自动化和智能化需求不断增长，物流仓储装备及系统已逐渐成为企业信息技术和先进制造业相结合的重要组成部分，成为智能制造中整合企业物流、工艺流、信息流等的关键因素。未来的物流仓储装备必将进入以“互联网+”智能物流为特征的新时期。电商及快递产业的快速崛起催生出了物流的新技术、新装备、新产业和新内涵，有关客户可选择的装备与技术也日益多样化。

《中国物流仓储装备产业发展研究报告（2016—2017）》的编写，旨在贯彻落实国家战略决策，提高政府、企业以及物流业同仁对战略性新兴产业物流仓储装备的关注及认识。对于相关行业来说，本书的发布立足于对现有物流仓储装备产业的调研和有关数据的收集与分析，对行业的规模、技术等现状有了较为完善的描述和认知，通过对有关数据的研究，得出了科学的结论，填补了行业有关方面的空白，对行业具有里程碑式的指导意义，从许多方面总结了行业内存在的优缺点，指出了相关产业存在的问题，对现有行业发展将起到极大的推动作用，也将会引导物流仓储装备行业朝着规范、健康、有序的方向发展；对现如今国内的发展环境和人才培养进行了展望与规划，这将为后续行业理论实践研究提供范本和基础，使理论研究与实际操作相结合。《中国物流仓储装备产业发展研究报告（2016—2017）》紧跟实践需求，立足当下，展望未来，促使物流仓储装备行业理论研究向纵深发展，为我国相关产业的发展模式提供了更加有高度、有深度的理论支持；本书对于国外的相关产业发展也进行了一定程度的调研与借鉴，国内相关蓝皮书报告也将对国内外相关产业进行追踪，这将极大地促进国内外物流仓储行业的国际交流，对国外产业先进经验借鉴与学习也会对国内物流仓储产业的发展发挥积极作用。对于企业来说，本书利用大数据进行信息的采集和分析，对有关产业进行了分析和定位，并对相关技术进行了介绍和展望，可以使有关企业无论是从宏观方面还是微观方面都能有清晰的认识，使有关企业可以较为准确地得到自身的定位，对于企业的发展有良好的指导作用；在相关内容中提到了相关行业的政策与环境，并对存在的问题进行了分析，这将使物流仓储行业有关从业人员和有关企业有典章可循、有方法可依，对于相关企业履行社会义务，承担社会责任并获得社会效益有着推动作用；对物流仓储装备产业的人才建设有关的分析，对于企业的后备力量建设起到了一个引导借鉴的作用，这将使行业相关企业能够更加集约地利用社会资源，提高资源利用效率，实现经济效益长期发展。

第2章

物流仓储装备产业地位

2.1 物流仓储装备产业定位

2014 年，国务院《物流业发展中长期规划（2014—2020 年）》中将物流产业定位为支撑国民经济发展的基础性战略新兴产业，并提出到 2020 年基本建成布局合理、技术先进、便捷高效、绿色环保、安全有序的现代物流服务体系。

2.1.1 我国物流业的发展

物流业是融合运输、仓储、信息等产业的复合型现代服务业，物流方式的进步改变着人们的生活。结合国外发达国家经验，自 20 世纪 20 年代物流概念起源之后，在短短的几十年中，物流已经成为一国经济的重要支柱，属于支撑国民经济发展的基础性、战略性产业。

1. 物流业发展加速

物流业同时统一了物流、信息流、资金流和人才流，是一个复合型服务业。21 世纪以来，受到经济全球化的影响，世界范围内的大市场成型，竞争逐步加强，传统的物流体系已经不能满足时代的需求，物流行业的发展面临新的拐点。“创新、协调、绿色、开放、共享”成为物流业发展的新理念，电商仓储、城乡配送、大件物流、冷链物流及智慧物流等成为新时期物流业发展的重点。

我国物流业发展经历了近 20 年的粗犷模式，对能源消耗及环境污染的影响逐渐显露出来。现阶段，全国产业面临转型的大风向标，社会生活水平提高，环保意识加强，具体到物流业，推广“绿色物流”的呼声不断扩大，传统物流企业也开始自查转型，并加大节能环保投入，完善自身能耗和排放检测，运用清洁能源运输工具，进行配送模式创新等。企业在注重经济效益的同时，也将更多的目光投向社会效益。

物流业从传统的工厂内部的仓储运输，逐步扩展到公司外围，服务范围扩大，涵盖整合了供应链的上下游。我国物流行业正逐步走出国门，扩大自身竞争力，国外的企业和资本也开始关注国内物流市场的活力。物流业的发展，将以信息化为核心，向智能化发展，逐步融入全球经济，以服务、质优、现代化为基础，满足客户的个性化需求，并以此来赢得市场。我国现代物流业的发展，将为国民经济持续发展提供基础动力。

当前，经济全球化和电商的爆炸式发展，以及制造业的进步，推动物流业自动化装备水平迅速升级，促使工厂物流、仓储运输及供应链上下游协同发展，物流业正朝着绿色化、信息化、智能化和全球化方向发展。

纵观我国经济形势，物流业的发展与制造业、商贸业、物流金融投资以及国民经济发展息息相关，在我国经济仍保持 7.0% 左右较快速发展的大前提下，国内物流业发展环境良好。在宏观经济进步的同时，我国也面临着人口红利消失、劳动力成本上升、土地大幅增值的现状，这也迫使企业加快物流自动化系统建设，升级物流信息系统。相对适宜的环境和转型的压力促使我国物流业增长速度要高于 GDP 增速。

在国家政策支持和引导下，良好的国民经济发展环境，再加上物流行业固定资产投资支撑，我国物流企业未来将向规模化经营和专业化服务扩展；物流产业将加快融合互动，制造业与物流业联动发展大步向前；社会总物流量将加速增加，物流总值同比将保持快速增长；物流基础设施建设突飞猛进，我国物流市场也将继续保持较高速增长。

2. 政策助推物流业发展

国家层面相关法律的支持对于物流产业的发展具有重要的引导、推动作用。以全球物流最先进的美国和日本为例，发达国家物流行业的崛起多离不开政策优惠。例如，日本政府为促进本国物流业发展，统一规划建设物流基础设施，并牵头搭建货主与物流企业间的电子交易平台。社会化开发，组织专业团体制定行业标准和监管流程，一系列政府动作帮助日本物流同国际接轨，优化了其国内物流布局。

在近年来的经济发展新形势下，我国已逐步明确物流业是支撑实体经济发展的重要基础，是连接实体经济的“血脉”的行业定位。2009 年，国务院颁布《物流业调整和振兴规划》，2014 年又再次发布《物流业发展中长期规划（2014—2020 年）》（以下简称《规划》），系列规划指明了我国物流产业未来十几年的发展蓝图。《规划》对从行业顶层设计到底层工程步骤进行了详细部署，将物流业明确为“基础性、战略性产业”，要求国民经济发展，物流先行。

2016 年国家颁布“十三五”规划纲要，指明物流行业将迎来向智能物流转型的关键时期，未来五年将是物流产业进一步优化、基础设施进一步完善、发展方向更加明确、服务能力不断提升的时期。

“十三五”期间，在“大物流”的格局下，推广新型孵化模式，加大众创、众包、众筹支持力度，强调大众力量；进一步实施新能源汽车推广计划，提高电动车产业水平；建立便利跨境电子商务等新型贸易方式，健全服务贸易体制，全面实施单一窗口和通关一体化发展战略。这些新的政策规划纲领，将为我国物流行业带来崭新的发展契机，我国物流产业在政策利好的助推下，正步入发展新阶段。

2.1.2 物流仓储装备产业的发展

物流业是为保证社会生产和社会生活的供给，由运输业、仓储业、通信业等多种行业整合的结果，而物流仓储装备产业是其重要的组成部分，作为物流业的一部分，物流仓储装备产业也是一个战略性新兴产业。

战略性新兴产业是以重大技术突破和重大发展需求为基础，对经济社会全局和长远发展具有重大引领带动作用，知识技术密集、物资资源消耗少、成长潜力大、综合效益好的产业。作为国家经济长远发展的战略选择，战略性新兴产业既对当前经济社会发展起到支撑作用，也引领着未来经济社会的可持续发展。作为国家发展方向的代表，战略性新兴产业已成为世界各国抢占新一轮经济、科技发展制高点的重要手段。

1. 物流装备是物流业发展的支柱之一

物流装备是组织、实施物流活动的基础。在整个物流活动中，物流装备贯穿始终，物流系统效率的提高主要靠物流装备的改进和管理办法的创新。同时，物流装备也是反映物流系统水平的直接载体，构筑物流系统的主要成本因素在于物流装备，物流系统基础理论与工艺技术也通过物流装备外在展示。作为现代物流业发展的基础支撑，物流装备是促进我国现代物流业快速发展、效率升级的重要条件。我国物流业发展至今，国家对物流业高度重视，利好政策促成大的发展环境，这直接刺激物流装备业的需求，将带动全行业进入发展的黄金时期。

产业发展在面临原材料、人工成本上升、经济增速放缓等瓶颈时，仅依靠降低成本和扩大销售难以保持利润，这时，产业转型和寻求“第三利润源”尤为重要。物流装备作为物流业发展的基础设施，物流业的发展离不开物流装备的支持。随着物流作为第三利润源的战略地位凸显，物流装备行业的技术进步与市场发展推动物流业稳步向前，目前我国产业升级的大趋势也将带动物流技术和装备进入高速发展阶段。

物流装备发展的根本目的，是推动我国现代物流体系的建设和完善，进而实现整个社会经济的转型发展，实现社会高效、低成本发展。近年来，政府和企业高度重视先进物流体系建设，将物流业发展提到国民经济的重要位置。对于整个物流装备行业来说，更广阔的视野和战略远见尤为重要，行业应加速实现由规模扩大到水平提高的转变。先进的物流装备将对物流业起到不可代替的支撑作用，同时，结合信息技术推动智慧工业革命，电子商务转变传统物流系统结构，物流业的整合提带功能将在各行各业的发展中得到展现。

2. 战略性新兴产业特征

2010 年 9 月，国务院审议通过了《国务院关于加快培养和发展战略性新兴产业的决定》，将节能环保、新一代信息技术、生物、高端装备制造、新能源、新材料、新能源汽车产业列为现阶段我国战略性新兴产业的发展重点，明确了战略性新兴产业发展的组织保障、技术路径、政策支撑等实施细则，明确了发展目标和发展方向。战略性新兴产业具有以下关键特征：

（1）战略全局性、先导性　战略性新兴产业具有支柱产业的主导能力，产业定位较高，战略性新兴产业在社会经济发展的过程中，往往起到提纲挈领的作用，关乎国家下一阶段的发展指向。

（2）技术先进性、密集性　战略性新兴产业以高技术科技创新为发展灵魂，在关键产业关键领域拥有核心技术与自主创新能力，是行业发展的基础。

（3）产业聚集性、关联性　战略性新兴产业具有强带动性，能够带动产业链上下游相关的配套产业和服务共同发展，形成产业集群。产业链上的企业，围绕核心产品集群化发展。

新形势下的物流业及其相关产业正是具有先导性、创新性、带动性的新世纪战略性新兴产业。国内物流行业以电商物流和制造物流为两大关键领域，特别是电商物流，近年来新零售形势下的电商物流业推动我国物流产业整体向高效、便捷、环保方向不断发展，促进产业改革，整个物流仓储装备行业发展迅猛。物流仓储装备产业作为我国战略布局的关键产业，其发展形势具有以下几个特点：

（1）科技引领物流仓储装备转型升级　伴随着制造业的快速发展和产业结构调整，提升企业信息化管理水平和自动化装备水平的要求日益凸显，新视觉系统、仓储机器人等需求上升，市场的强大需求拉动高端物流装备持续发展，智能物流发展势头迅猛。

（2）物流与生产融合一体化发展　目前，物流信息贯穿采购、生产与销售的供应链系统全过程，物流技术逐步向生产线中渗透，建立网络化、数字化、智能化工厂成为一种趋势。从生产、加工到搬运、存储一体化的产业结构是物流业与传统产业融合的新风向。

（3）物流产业联盟不断涌现，进入集群模式　随着全球经济一体化的加深，市场竞争日趋激烈，企业为降低成本、提升竞争力，逐渐将物流业务剥离出来，促使以提供第三方服务为主的新兴物流产业集群形成。集群化能够带来规模经济和信息资源共享，促使物流企业的专业化分工。

（4）高速发展呈现良好的市场前景　现代物流业的快速发展，第三方物流、电子商务、冷链生鲜配送等新兴物流方式等出现，拉动了高端物流仓储装备的革新。在我国，庞大的需求市场蕴藏着巨大的商机，是物流业继续保持增长的保障。

2.2 物流仓储装备产业特点

当今物流仓储装备是机械、电气、信息乃至人工智能等高科技产业的集合体，行业涉及多学科多技术，处于新兴复合型研究领域。

物流领域的强劲需求和高速发展逐渐形成新技术聚集地，各类新技术在物流产业中的应用层出不穷。以“产业互联网”为特征的新工业革命，带来以物联网、云计算、大数据、移动互联网等新兴技术为核心的物流信息系统创新和以数字化、智能化、绿色环保为方向的物流装备的创新。物流系统与设备日益呈现一体化、智能化的发展趋势。

2.2.1 市场规模高速增长

自《规划》发布以来，我国物流业市场规模呈现出高速增长态势。从2014年我国物流仓储装备行业各个细分领域增速统计来看，在自动化仓储装备所有子版块中，叉车和托盘的产量增速大约在10%左右，低于行业平均增速10个百分点，其他自动化仓储设备，包括智能穿梭车、立体仓库、AGV、物流机器人、拣选系统、管理软件等，增速均处于30%以上。

通过简单数据统计，我国物流仓储装备市场正处于加速发展时期。

2.2.2 行业竞争加剧

随着行业持续高速增长，越来越多的企业开始向系统集成商转变。

（1）物流系统设备集成领域　自2014年我国物流系统设备加速发展，在经历了短期经济增长低迷、海外供应商加速本土化制造生产等系列发展背景后，领域仍保持繁荣发展景象，大量企业不断进入物流装备集成领域谋求发展，加剧了领域内竞争。据观察分析，新进入这一领域的物流系统集成供应商主要有三类：一是原物流系统规划与咨询企业，借助自身多年的行业经验和人脉，开始承包物流集成项目；二是生产物流系统设备供应企业，凭借自身组织经验，开始组建队伍进入集成领域；三是行业外的部分企业转型变为集成商。

（2）输送分拣设备领域　2015年来，国内电子商务物流持续加速发展，物流输送分拣设备的市场需求日益增长，输送分拣设备在物流系统中所占比例近年来获得较大提升。因此，越来越多的相近企业，都瞄准了这个市场热点，生产加工输送分拣设备和产品，使得这一市场领域呈现较高的竞争势态。

2.2.3 企业多角度、多方位寻求创新和升级

在“互联网+”的环境下，信息技术的发展推动了以“产业互联网”为特征的新工业革命，“智慧制造、智慧工厂的信息物理系统”展现在行业面前。智能物联的新一代产业革命，也被德国概括为“工业 4.0”。在我国，国家亦依据相关发展情况设立了“中国制造2025”的战略发展目标。进入到物流行业，新革命带来的物流技术创新主要体现在以物联网、云计算、大数据、移动互联网应用为标志的物流信息系统创新和以自动化、智能化、绿色环保为方向的装备创新方面。十年前，物流装备行业发展的主要驱动力是叉车、托盘、货架等普通物流装备；2013 年以来，行业驱动主体已经升级换挡为自动化物流设备、智能穿梭车、智能机器人、输送分拣系统、感知识别系统等智能装备。目前智能化的趋势愈加明显。

目前我国经济增速放缓，产能过剩和同质化竞争导致物流装备行业价格竞争激烈，利润下滑，全行业的战略转型任务在持续进行中。以物流行业为例，随着物流系统日趋复杂，人力成本上升，越来越多的物流企业选择将物流设备、系统维护乃至运营管理工作外包，企业本身将业务逐渐向服务领域延伸扩展，从设备生产销售向解决方案和服务提供者转变，积极开阔新的物流业务模式，挖掘市场机会，以服务换收益。

1. 从生产向服务转型

国内传统的物流行业模式是供应商负责方案设计、设备生产、安装调试、售后服务，客户负责日常维护保养。而发展环境、市场需求的变化要求企业寻求新的发展空间，部分企业从生产向服务转型。

服务要素在物流行业中地位逐步提高，首先是由物流装备行业的特点决定的。物流活动与企业生产密不可分，物流设备作为特殊装备，其使用规范往往需要相关培训指导，而不同企业对物流仓储系统的定制化、个性化极强，这保证了专业化服务在物流市场中必不可少。其次，物流市场竞争促使企业重视服务。在整个行业面临产能过剩与同质化问题的困扰下，以服务开辟新的市场空间是企业的不二选择。

例如，在自动化物流中心项目的运营过程中，围绕设备和系统的相关服务通常有以下形式：

（1）对物流正常运行的保障性服务　包括设备的定期维护、故障维修、零备件服务、远程支持等，这类服务的目的在于保障系统等稳定运行，设备发生故障时及时处理，防止设备故障影响正常物流运作。

（2）对物流运作或管理的支持性服务　包括设备运行质量分析、物流各环节绩效与运行情况分析等。现代化的物流系统通过分析收集到的设备信息、故障信息等数据，对设备的运行情况、运行质量进行实时预测。同时还可以通过物流数据分析系统进出库能力、库存周

转率等指标，进一步支撑物流系统运营管理水平。

（3）技术改进和系统升级服务　包括随着客户业务发展变化提供技术服务、装备改进或信息系统及控制系统升级服务等。此类系统和设备的伴随式升级是物流系统长期保持良好状态的必要条件之一。结合设备或系统供应商、解决方案提供商的专业技术优势及客户对自身需求和应用环境的认识，方能促进物流系统更好发展。

2. 服务模式创新

我国的物流仓储装备行业处于求变的关键时期，市场需求推动企业转型，同时，企业创新也得到国家政策上的支持和鼓励。目前国内有积累的具有代表性的服务模式有：

（1）物流代运营业务　这种方式下，使用方仅提供仓库，并未购买设备，由物流装备企业投资建设物流中心，并设立运营团队负责系统的运营、维护、仓库内作业等，按照处理量与使用方进行结算，使用方承诺保底业务量。

（2）融资租赁+仓储运营服务　此类模式重点针对电商、第三方物流、商贸流通、大型制造等终端用户关于高效自动化仓储系统的需求，通过第三方融资方式为其出资建设货架系统、购买自动化仓储设备和安排仓库作业及管理人员，客户仅按物流作业量向物流装备企业支付相关费用。

（3）平台服务　此类服务借助“互联网+”和物联网技术支持，为企业提供覆盖物流系统使用全生命周期的管理服务，重点解决物流设备运行状态的实时监控和仓储系统运行情况数据分析等难题。

3. 向智能装备制造转型

国家发改委《物流业降本增效专项行动方案（2016—2018年）》中特别强调“国内物流市场规模庞大，效率低下，智能物流大有可为”。我国智能物流技术积累明显好于“工业4.0”其他领域，正在加速吸收国外先进技术，快速切入物流装备中高端市场。有丰沃的国内大市场及快速进步的技术，过去3年我国自动化仓储系统的增速已超过工业自动化，智能物流蓄势待发。

2.2.4　物流装备企业资本运营潜在空间大

上市公司利用资本市场整合产业链资源，迅速做大做强企业，这是进入资本市场的积极意义。在产品市场与资本市场的相互关系上，以及物流装备企业如何以正确的态度运用资本市场上，首先应利用好资本“工具”，为技术、产品、产业服务雕琢质量，提高内在竞争力；其次，可通过资本进行收购、兼并，进而整合资源，扩大市场。

目前国内物流装备企业大都上市不久，初尝资本运作，主要方式仍限于兼并收购，在定增、市值管理、产业并购基金等方面涉足较少，在协调资本与产品两大市场，服务企业战略目标上，未来运作空间巨大。

2.3　物流仓储装备主要应用领域

我国物流业近年来增长平稳，物流总额同比增速维持在两位数。在物流业保持高速增长的助推下，物流需求结构亦在进一步改善，物流适应产业的趋势凸显。与2013年前烟草、医药、汽车等传统行业占据前列不同，电商物流、冷链物流等消费品物流，近几年保持20%左右的高增速。我国首次超过美国成为全球快递业第一大国，整个物流行业正朝着电商物流的高速度、高服务标准迈进。

目前我国物流仓储装备应用场合包括机械、汽车、烟草、医药、轨道交通、服装鞋袜、食品冷链、电子商务、邮政快递、化工、家电等涉及国计民生的重要领域。

2.3.1　汽车行业

汽车行业是对物流装备需求较大的传统行业之一。在汽车行业中，全自动汽车生产线应用非常普遍，在整车及零部件生产领域、汽车生产的各个环节，特别是总装环节，对零部件在生产线中的周转存储搬运有着较高的要求，高效和精确是搬运机器人发挥作用的空间。《国家中长期科学和技术发展规划纲要（2006—2020年）》提出，我国汽车制造装备对外依存度到2020年降到30%，加强汽车进出口基地建设，这些指标亦将推动我国汽车行业对输送运输设备等现代物流装备需求的增加。

2.3.2　烟草行业

由于烟草包装的标准化程度较高，烟草行业利润丰厚，烟草物流是我国物流自动化程度最高的行业，行业内的信息化和现代化水平一直处于物流业领先地位。虽然社会对控烟的呼吁日益提高，烟草行业面临着较严苛的监管，但现阶段我国仍是全球烟草生产和消费大国，烟草物流中心的建设短期内仍将助推物流装备的发展。

2.3.3　医药行业

国民经济离不开医药行业。看病就医关乎百姓生活质量和切身利益，亦是社会持续关注的焦点。随着社会水平提高，人们的健康意识增强，收入水平提高，医药保健需求旺盛，医药行业将保持持续增长。

据统计，2015 年我国医药工业市场规模超过 3 万亿，成为全球第二大市场，国家颁布《医药工业发展规划指南》，指导医药产品提升质量，使得药品安全有保障，促进医药行业向绿色、智能制造方面提高；同时，提出建立服务医药网络化、规范化和定制化的全程冷链及可追溯物流体系，确保药品安全，这也将促使医药冷链物流行业进入快速发展期，拉动医药行业物流装备需求发展。

另外，2013 年，国家食品药品监督管理总局发布新版《药品经营质量管理规范》，要求相关企业建立信息系统，满足以电子监管码的形式追踪药品流动，要求相关食品药品生产企业配备温湿度监测设备，对相关产品实施 24 小时实时检测，确保药品存储环境符合要求等。新版规范的发布，也加快了企业升级物流管理系统，配备先进物流装备的进程，医药行业仍将是物流装备需求较大的传统行业之一。

2.3.4 轨道交通

近年来，高铁已经成为我国的一张名片，我国高铁建设进入高峰期，高速铁路营业里程达 1.9 万公里。国家在铁路“十三五”规划中要求加快 300 万以上人口城市轨道交通网，实现相邻城市群内快速交通圈。

高速铁路铺设的地方，保障业务要跟进到位。随着我国轨道交通建设的快速发展，对机械零部件、整车零件及配套设施的存储及配送都有了更高的要求，这体现在物流领域，要求提高物流管理水平，配备现代化保障设施和智能装备。轨道交通行业更高速的发展也将助力物流装备行业水平的提升。

2.3.5 纺织行业

衣食住行是居民生活水平的基础反映，居民可支配收入的增加，促进我国消费市场中的品质消费和个性化消费爆发增长。纺织行业中的鞋帽衣服都属于快时尚产业，消费的个性化趋势明显，服装各个细分行业越来越多的企业选择登陆资本市场，资本的进入必将敦促企业进行相关物流系统的改造升级，以谋求更高的利润，同时，这也将拉动我国鞋服物流装备领域的发展。

2.3.6 食品冷链行业

生活水平的提高，也使得居民对食品品质和种类有了更高的要求。为了保证各地新鲜食品供应，为果蔬、肉蛋、水产品、奶制品等在流通过程中提供安全保障，品质保鲜需求日益增长，国内食品保鲜技术迅速发展。需求增长、基础设施条件完善激励我国冷链物流行业规模不断扩大。

目前我国是世界上冷库容量第三大的国家（排在印度和美国之后），随着消费升级和食品安全备受关注，冷链物流市场巨大，冷链物流仓储装备发展前景广阔。

2.3.7 电子商务

近几年我国电商物流日益发达，借助“工业4.0”等重大发展契机的推动，电子商务领域物流装备需求呈增长态势。电子商务属于典型的新经济代表，其发展不断加速与制造业的融合，推动服务业转型升级，催生新业态，成为提供公共产品和服务的新生力量，也成为我国新的经济动力源。电商发展更凸显了物流作为服务支撑的战略地位，涵盖线上线下全渠道各环节的组织协同。

我国社会网络消费占消费比重不断提升，且保持较快增速，高于社会消费品零售额增速，生鲜及跨境电商异军突起，多销售渠道对物流仓储设备的依赖程度很高。

目前国内电商物流中心自动化程度仍有待提高，爆仓、暴力分拣事件频发，提高分拣效率将有效提振企业发展进步。加大自动化物流水平，才能更好地应对市场需求，这使得大型智能物流配送中心在电商领域需求强劲。

2.3.8 邮政快递业

电商物流发展的基础为快递业，统计数据显示，全国快递业务中有80%来自于电商业务。国家邮政统计局数据显示，我国快递包裹量已居世界第一，且仍在以高速增长。相应的物流园区建设、航空货运、电子终端使用均提高了快递业的运行效率。部分快递公司日均送件量大，已经开始布局全自动分拣设备以降低成本。

建立建设国家安全快递转运中心和分拨中心，加快快件处理、信息、安检等综合性设施平台建设，均已经写入国家“十三五”发展规划。

2.3.9 化工行业

化工行业产品因其特殊的物理化学特性，易造成环境污染，运输时不宜直接接触处理。化工产品的技术性和专业性，使得针对此类产品的物流运输需要更专业高效的物流设备。未来以装备代替人工，提高工作效率和安全性，改善工作环境，需从行业物流仓储装备升级开始。

2.3.10 家电行业

家电行业特点为小批量、多品种、装配式，厂商大多从外部厂家采购材料和生产部件进行组装。家电企业的生产物流一般为自营，而上游零部件的运输、配送至厂内、下游的成品运输及终端的配送由物流服务供应商负责。家电物流需要以家电产品为主要对象，并对相关信息系统规划、运作和管理过程进行统筹组织。家电物流的首要重点是家电产成品的正向物流，其次是包括返修、回收等在内的反向物流。以家电制造商、销售商为主体的供应链各级成员或第三方物流服务提供商也在家电物流中扮演着重要角色。

第3章

物流仓储装备产业现状

3.1　2016—2017 年中国物流产业市场数据

2016—2017 年，中国国内生产总值（Gross Domestic Product，GDP）分别比上一年增长 6.70%、6.90%，达到了 743585 亿元人民币和 827122 亿元人民币。随着国内生产总值的增长，社会物流总额也在不断增长，达到了 229.70 万亿元人民币和 252.80 万亿元人民币；社会物流总费用达到了 11.10 万亿元人民币和 12.10 万亿元人民币。分别如图 3-1、图 3-2 和图 3-3 所示。

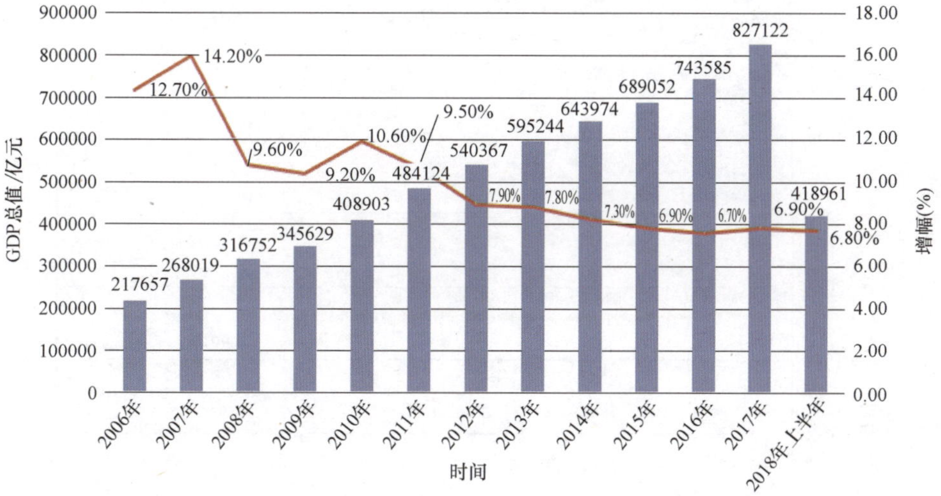

图 3-1　中国近年来 GDP（数据来源：中国机械工程学会）

物流费用占 GDP 的比重逐年降低，由 2016 年的 14.90%降低到了 2017 年的 14.60%，单位 GDP 的物流需求系数也由 3.09 降到了 3.06。分别如图 3-4 和图 3-5 所示。

图 3-2 社会物流总额（数据来源：中国机械工程学会）

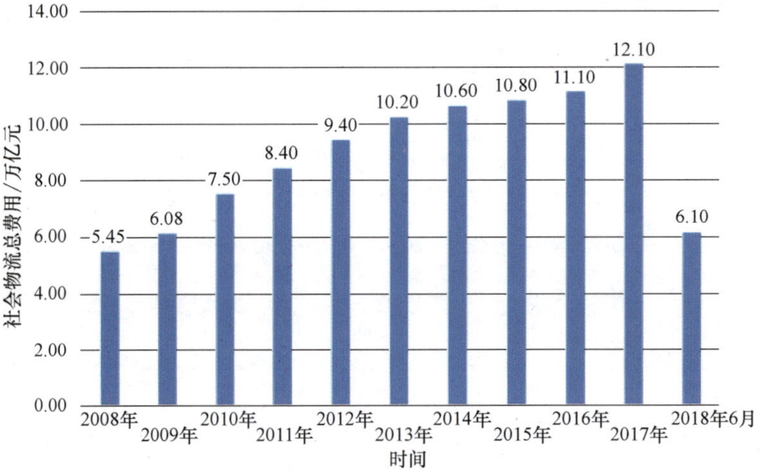

图 3-3 社会物流总费用（数据来源：中国机械工程学会）

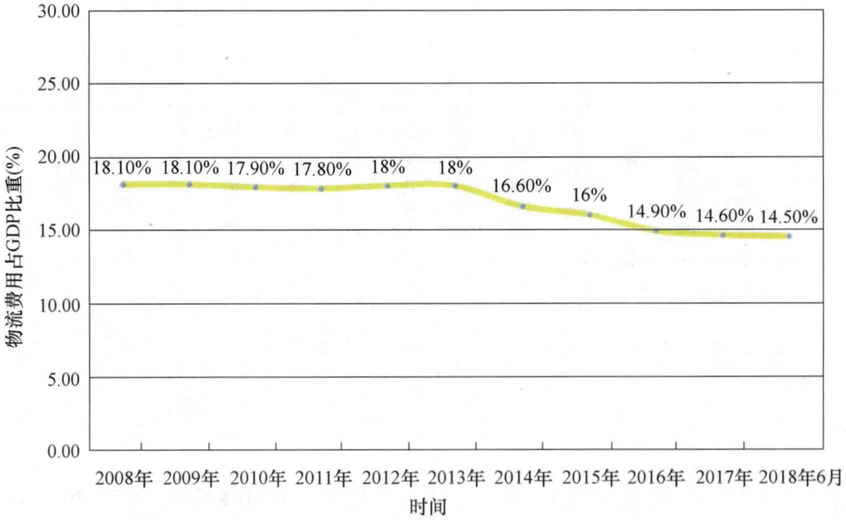

图 3-4 物流费用占 GDP 比重（数据来源：中国机械工程学会）

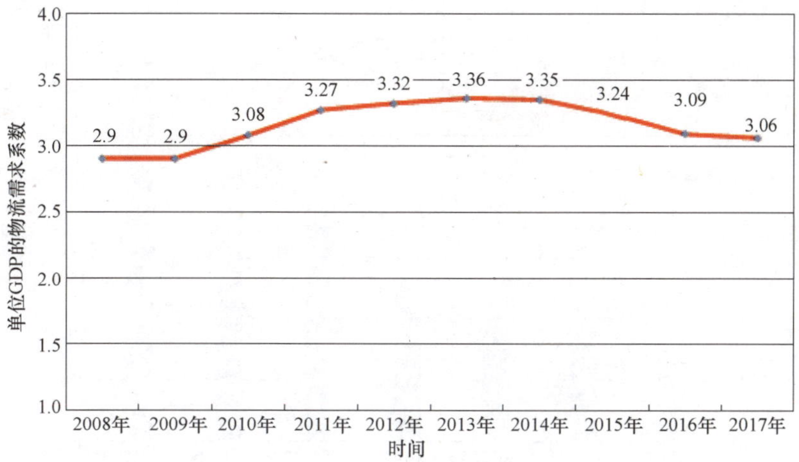

图 3-5 单位 GDP 的物流需求系数（数据来源：中国机械工程学会）

社会物流总费用的构成也在变化，运输费用由 2016 年占社会物流总费用的 54.00%增加到了 2017 年的 54.60%，保管费用比重由 33.00%降低到了 32.30%，管理费用比重由 13.00%增加到了 13.30%，如图 3-6 所示。

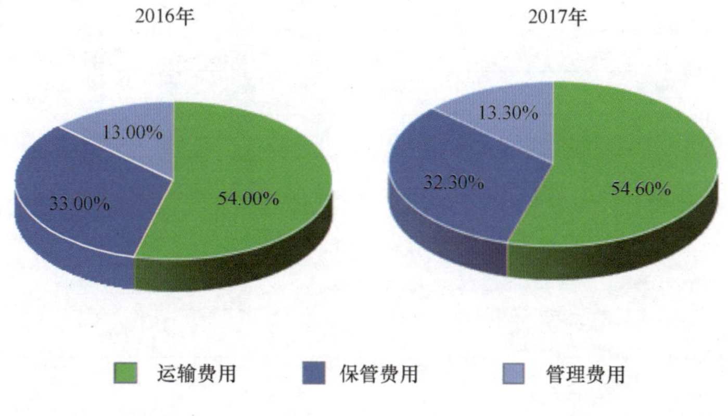

图 3-6 社会物流总费用构成占比（数据来源：中国机械工程学会）

中国电子商务市场规模巨大，2016 年和 2017 年分别达到了 22.97 万亿元人民币和 29.16 万亿元人民币。电商快递包裹高速增长，2016 年和 2017 年分别达到了 312.80 亿件和 400.60 亿件，快递业收入也在持续增长，2016 年和 2017 年分别达到了 3974.40 亿元人民币和 4957.10 亿元人民币。每件快件的平均费用在下降，由 2016 年的 12.71 元人民币降低到了 2017 年的 12.37 元人民币。分别如图 3-7、图 3-8、图 3-9 和图 3-10 所示。

物流仓储装备在各行业应用的占比，能从一定程度反映出各个行业对于物流自动化的需求，2016 年和 2017 年的调查统计数据表明，商业物流占比增长幅度最大，从 2016 年的 27%

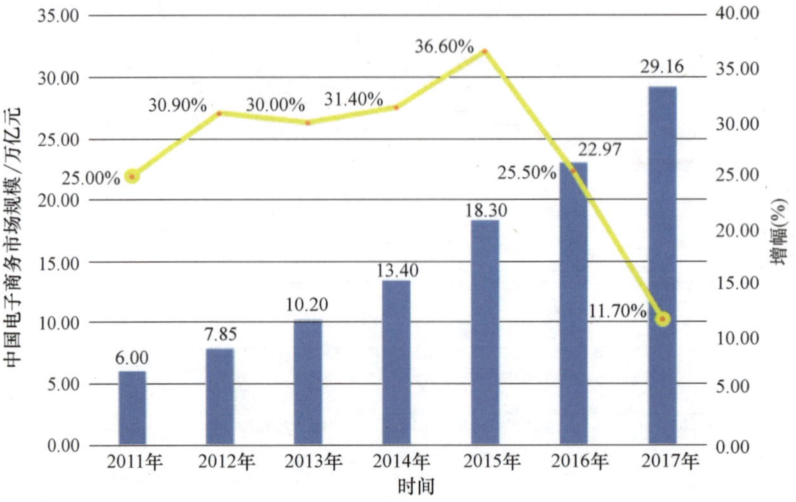

图 3-7 中国电子商务市场规模增幅（数据来源：中国机械工程学会）

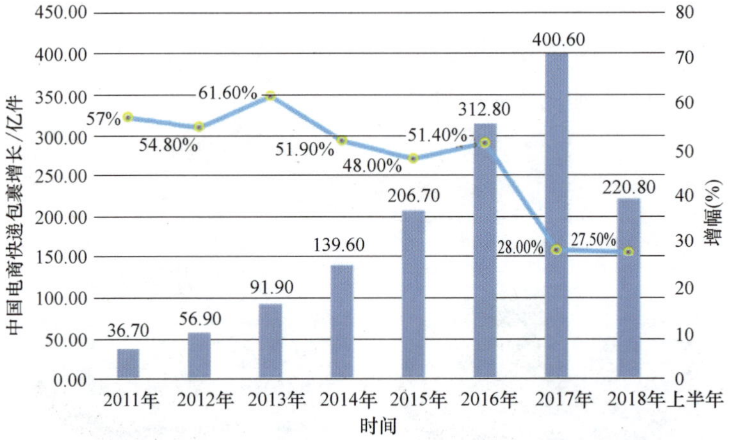

图 3-8 中国电商快递包裹增长幅度（数据来源：中国机械工程学会）

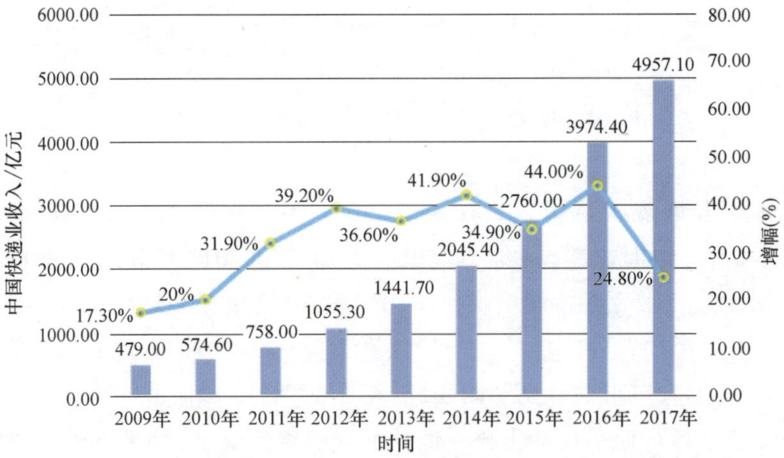

图 3-9 中国快递业收入增幅（数据来源：中国机械工程学会）

增长到了 2017 年的 37%，第三方物流占比增幅也很乐观，从 2016 年的 14%增长到了 2017 年的 18%，医药化工占比从 2016 年的 13%增长到了 2017 年的 14%，机械制造占比也在增长，从 2016 年的 6%增长到了 2017 年的 8%，其他如烟草、服装纺织、食品饮料占比都在降低。分别如图 3-11 和图 3-12 所示。

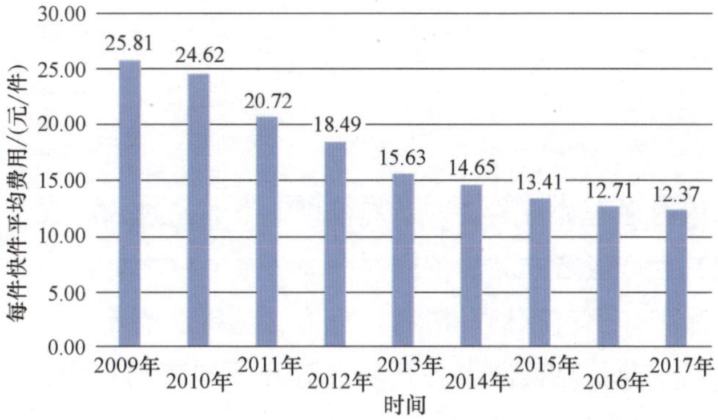

图 3-10 每件快件平均费用（数据来源：中国机械工程学会）

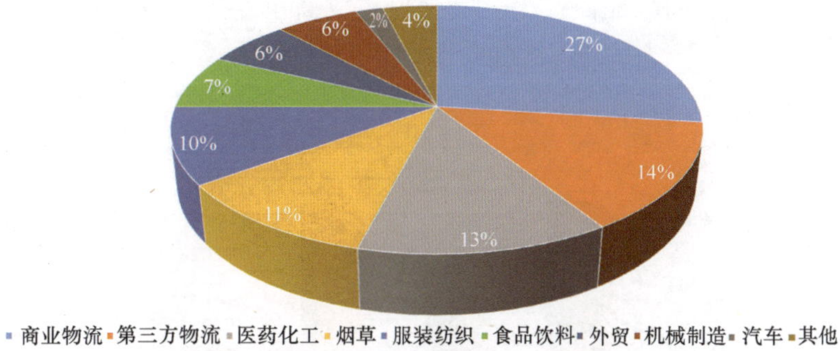

图 3-11 2016 年物流仓储装备在各行业应用的占比

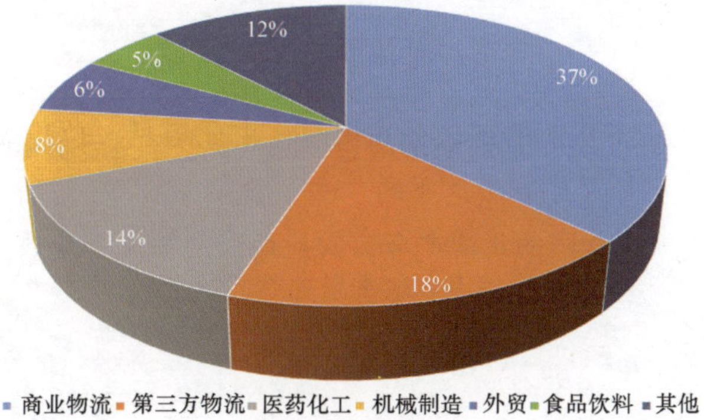

图 3-12 2017 年物流仓储装备在各行业应用的占比

3.2　2016—2017年中国物流仓储装备产业总体规模

3.2.1　企业数量

据不完全统计，国内现有物流装备产业规模以上企业超过600家。经过对近400家企业进行抽样调查，按照其生产经营产品的不同，分为A、B、C、T四类，其中，A类为生产与物流行业直接相关产品，如生产存储、搬运、分拣、包装设备等的厂家；B类为生产与物流产品配套的产品，包括生产信息检测设备及软件管理系统等的厂家；C类为生产相关产品，如滚轮、胶带等的厂家；T类为集成商/整机，为用户提供整套物流系统方案的厂家。

经过对近400组抽样数据进行分析，其中A类型物流装备企业有133家，B类84家，C类132家，T类50家。可以发现，传统的供应商（即A、B、C三类）仍然主导着物流产业，占据了总体的87%，而集成商仅为13%，但集成商也在逐渐发展中。分别如图3-13和图3-14所示。

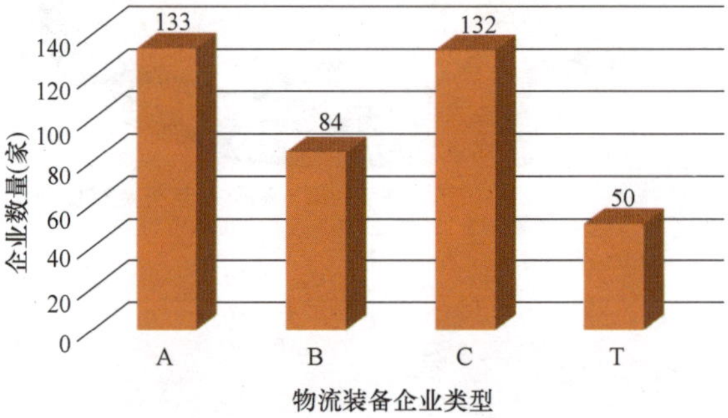

图3-13　物流装备企业类型分布柱状图

图3-15反映了物流装备企业的地区分布情况。由此可见，位于北京、上海、江苏、浙江、广东的物流装备企业大约占全部企业的70%。说明京津冀、江浙沪、珠江三角洲地区的物流装备企业仍然支撑着全国的物流产业，其他地区的物流企业数量也在平稳发展中。

3.2.2　人员规模

图3-16反映了公司的规模（从公司从业人员规模分析）情况，由此可见，在抽样调查

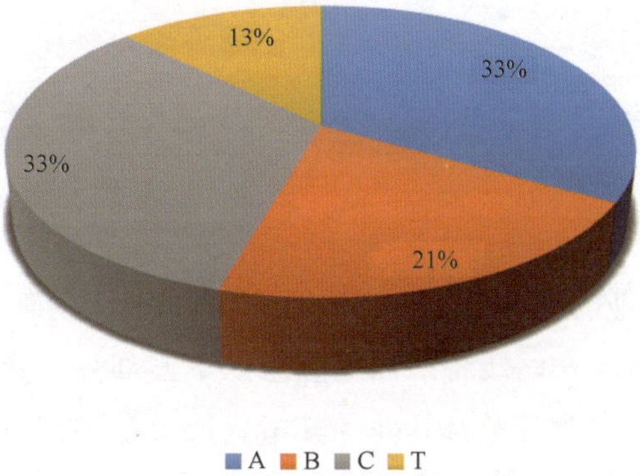

图 3-14 物流装备企业类型分布饼图

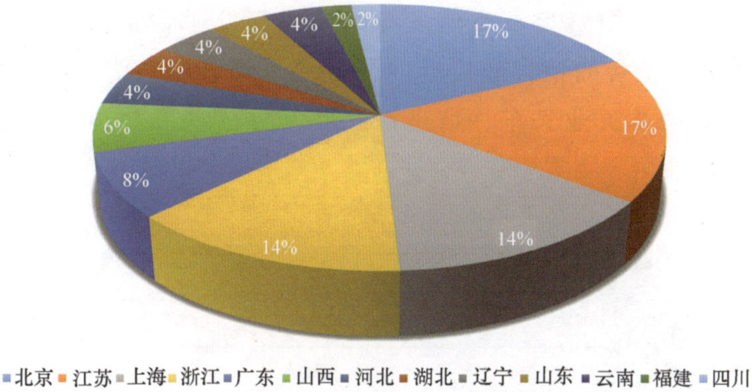

图 3-15 物流装备企业的地区分布

的企业中，人数少于 200 人的占 33%，人数小于 600 人的企业已经占据了总数的一半以上。基本上呈现随着人数增多，企业数目逐渐减少的趋势。大于 600 人的企业，大多数为大型综合企业，物流装备产业只是其公司业务的一部分。

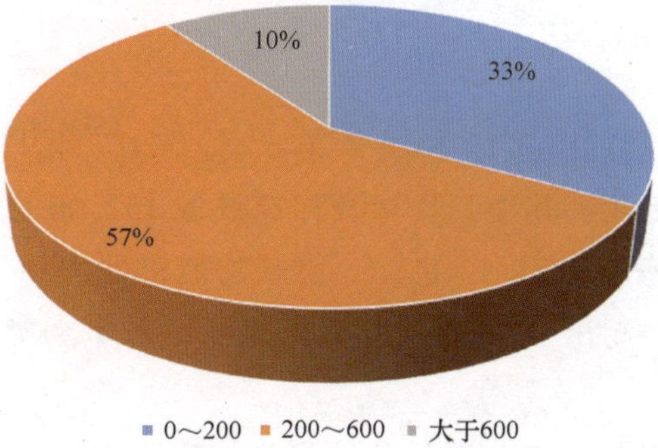

图 3-16 从业人员规模

3.3 2016—2017 年中国物流仓储装备产业结构分析

《中国物流仓储装备产业发展研究报告（2016—2017）》在研究销售额时，按照国际交流中采用的分类口径，将物流仓储装备产品划分为以下五部分：货架及存储设备、输送及分拣设备、信息系统、电动类工业叉车及其他。其中货架及存储设备包含货架、堆垛机等仓储装备行业常用的储存货物的设备；输送及分拣设备包含输送机、分拣机等设备；信息系统则是指物流仓储用到的一些软件管理系统；电动类工业叉车是指运行在仓库内专门用于搬运货物的叉车；其他则包含物流机器人和 AGV 等产品。

2016 年中国物流仓储装备各类型设备销售总额及占比分别如图 3-17 和图 3-18 所示，总计约 230 亿元。其中货架及存储设备的销售额几乎占据了总销售额的一半，约 116 亿元；输送及分拣设备的销售额接近四分之一，约 60 亿元；而剩余的 25%的销售额则是由生产销售电动类工业叉车、信息系统及其他一些和物流仓储装备行业有关的产品所得。

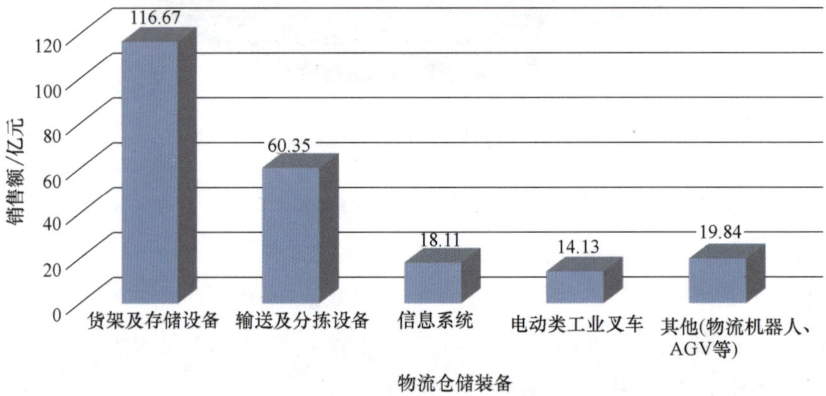

图 3-17 2016 年中国物流仓储装备各类型设备销售总额

而 2017 年的情况则分别如图 3-19 和图 3-20 所示。2017 年中国物流仓储装备各类型设备的销售总额大约有 300 亿元。其中，货架及存储设备 152.06 亿元，仍然占据着总销售额约一半的数值；输送及分拣设备 81.13 亿元；由于物流机器人和 AGV 发展迅速，所以其他类设备的销售额增长较快，超出了 30 亿元；而信息系统和电动类工业叉车的销售额大约都为 20 亿元。

2016—2017 年物流仓储装备各类型设备销售额的增长变化情况如图 3-21 所示。其中信息系统相对稳定，没有明显增长；货架及存储设备和输送及分拣设备的销售额增长较大，

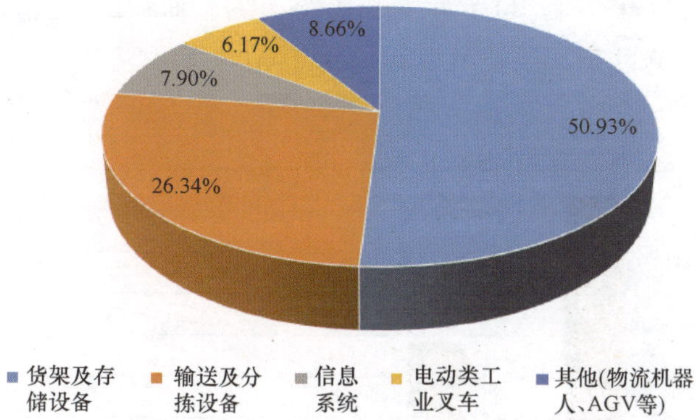

图 3-18　2016 年中国物流仓储装备各类型设备销售占比

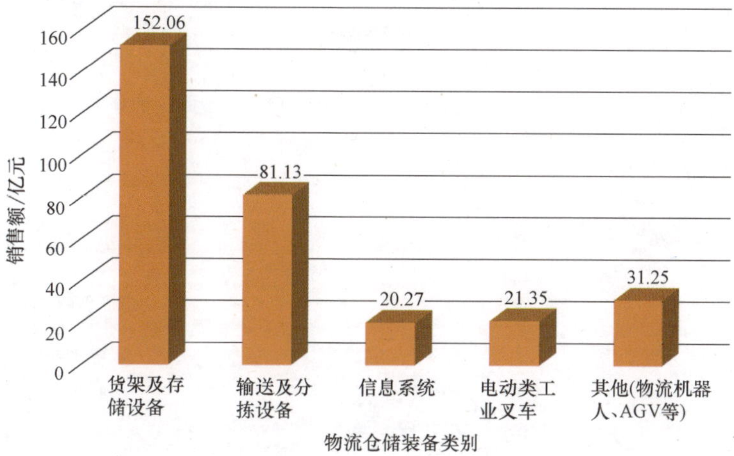

图 3-19　2017 年中国物流仓储装备各类型设备销售总额

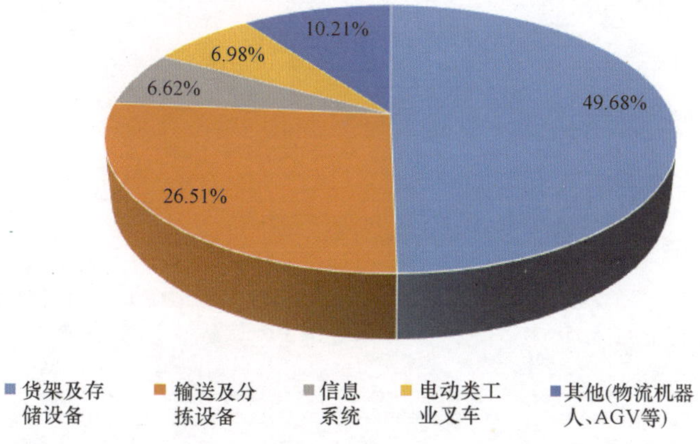

图 3-20　2017 年中国物流仓储装备各类型设备销售占比

2017 年货架及存储设备销售额较 2016 年增长了约 30%，而输送及分拣设备的增长率大约为 35%；而增长率最大的莫过于其他类型设备（由于 AGV 和物流机器人的兴起），其增长率达到了 57.5%。

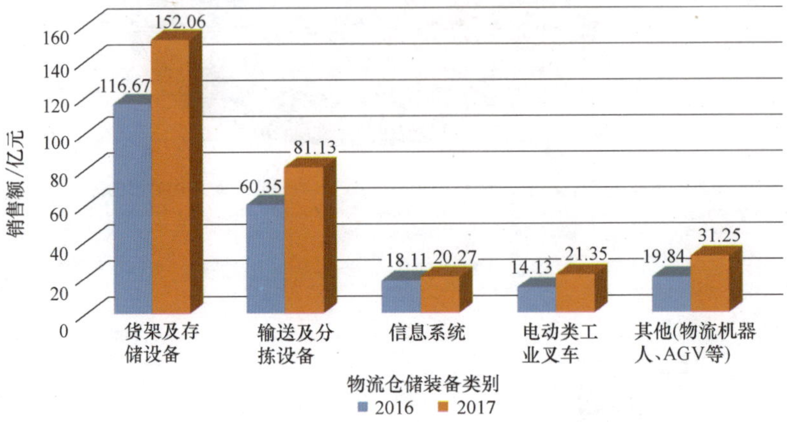

图 3-21　2016—2017 年物流仓储装备各类型设备销售额的增长变化情况

第4章

物流仓储装备产业问题分析

4.1 国产设备的品牌影响力有待提高

一直以来，品牌在物流装备行业的受关注程度远远不及技术、产品、市场份额，但随着近年来竞争环境的变化以及企业规模的扩大，越来越多的物流装备企业逐渐意识到，品牌建设将是他们做强做大、赢得更多客户，进而更好地参与国际市场竞争的一项必要工作。

品牌肩负着传递产品功能与属性、价值，以及企业特点、文化等信息的责任。企业可以通过其特有的LOGO、标语、口号、符号等，在产品或服务上区别于竞争对手。其中，产品品牌的创造以质量为基础，关注技术、价值、使用、市场定位及售后服务等，它的建立与企业的技术创新能力、综合管理能力密不可分。企业品牌的树立则是在产品品牌基础上，赋予企业个性化的经营理念，关注的是质量水平、技术发展方向、消费者群体、企业公众形象和服务水平等。

品牌的力量在于影响人们对于相关企业及其产品的认知。对于我国装备制造企业的发展现状而言，强化品牌建设具有重要意义。这不仅是我国进入世界市场后企业面临的严峻挑战，更是企业在产品同质化的竞争中脱颖而出的关键。值得关注的是，目前绝大多数企业普遍没有建立起自己的品牌。在产品同质化竞争严重的情况下，价格战的恶性博弈给企业带来不小的烦恼，不仅影响广告投入的效果，销售人员过去常用的关系营销也显得力不从心。

企业进行广告宣传的最终目的是为了提高营销业绩，赢得品牌影响力。与其他消费品生产企业相比，装备制造企业在营销传播理论上没有太大的区别，唯一不同的是受众。而在多媒体时代，每个人对信息接收的平等性、整体性、系统性和准确性，决定了广告传播策略将成为企业进行市场突围的最佳解决办法。就目前的情况来看，装备制造企业进行品牌建设的着眼点主要在产品质量、技术、企业背景及规模等方面。所以，在广告宣传方面，多数装备制造企业仍然停留在“表白式”的广告宣传，缺乏对产品品牌价值的塑造意识。

装备制造行业在品牌经营意识方面远远滞后于其他行业。在一些国际性的招标项目中，缺少品牌优势已成为导致中国装备制造企业竞争力不足的一个重要原因。在中国工业化高速发展的今天，装备制造行业并不缺少好产品，而是缺少行业中的“领袖”品牌企业。产品品质和技术的领先是企业生存的根本，只有在行业中或在单一产品品类中成为“龙头”品牌，装备制造企业的附加价值才能凸显出来。品牌建设帮助企业实现差异化的形象，并借此在竞争中突出其产品。站在设备供应商角度来看，品牌建设将带给企业持久、稳定的丰厚利润。而从需求方角度讲，品牌能够为客户在产品选择的过程中提供更充分、清晰的信息而减少交易中的选择成本。

在现代社会，广告是提升企业品牌形象、促进企业市场营销的重要手段，这已经成为人们的共识。希望中国企业能够学习国外先进企业的经验，注重树立品牌形象，重视企业的广告宣传，在广告投放上要有长期计划，要有连续性，要注重媒体的选择，要合理评估广告价格，要保持广告风格的统一性和步调的一致性。只有这样，企业才能够真正树立自己的品牌，实现良好的业绩，做基业长青的百年企业。

现阶段，我国物流装备行业的品牌建设呈现出以下几个特点：

1）企业品牌意识不强，品牌数量少，尤其缺乏国际知名品牌。

2）品牌生命周期短，缺乏核心技术支撑。

3）在国际贸易中以原始委托生产（Original Entrusted Manufacture，OEM）为主，自主品牌意识不强。

4）市场营销力度不够，只注重销售产品，不重视树立品牌。

相比之下，国外物流装备领域已出现了众多知名品牌。这源于国外企业有较强的品牌意识，在品牌建设方面往往倾注了大量精力，采取多元化的市场宣传与品牌推广手段，更重要的是其背后有较高的技术水平、丰富的市场发展经验、雄厚的资金实力等优势为依托。

实际上，企业品牌建设既是企业自身“长大变强”过程中的必然选择，也与行业整体发展状况和水平密不可分。总体上看，目前，国内物流装备企业仍以中低端市场为主要阵地，在产品、技术、生产工艺、管理水平、整体实力等方面与国外企业有较大差距，真正有实力的品牌企业并不多。国内很多发展历史在十年以上的企业都有这样的体会，没有关键性的技术、缺乏相关行业标准，导致中国的物流装备行业门槛很低，这就造成物流装备企业数量有增无减，而这种表面的繁荣并不会给行业发展带来积极影响和促进作用，却会扰乱正常的市场竞争秩序，不利于企业的持续稳定发展。

对此，有关行业协会的专家强调，中国物流装备行业亟须改变粗放式管理模式，建立一个更为严格的精细化管理机制，对产品标准、生产许可、产品认证等方面进行监管，以改变目前无序竞争、过度竞争的不良局面。在国外，行业管理非常成熟规范，相关技术标准完善并法规化，大部分物流设备都有一定的市场准入门槛。比如，货架在许多国家都被列为特种商品，有相关的安全认证。欧洲的货架企业必须在拿到相关的产品认证和许可证后，才能在市场上销售。可见，行业的规范健康发展可以为企业培育品牌、发展品牌提供良好的市场环境与外部条件。

值得一提的是，对于国内已经做到一定规模的物流装备企业来说，他们面临的是国际性企业不断进入和国内企业同质化竞争日趋激烈的双重挑战。在这种情况下，品牌建设正在逐渐成为这些企业实现生存进而参与国际市场竞争的必然需求，开始受到企业的高度重视。目前，中国物流装备企业在产品质量和生产水平等方面正在不断缩小与国外企业的差距，有些产品甚至已经达到了国际先进水平。随着更多的国际性公司把采购订单投向中国，中国企业需要在注重产品质量与工艺水平的同时，通过树立品牌保持并进一步扩大中国制造的优势。同时，对于企业来说，品牌建设也是保护自主知识产权和产品的有效方式。现在越来越多的物流装备企业开始通过自有品牌开拓国际市场。

不同物流装备产品在应用方式、技术水平以及所处行业的发展状况等方面的差异，直接导致了企业对品牌战略的认知程度和实现方式的差异，因此很难简单地模仿或照搬别人的成功经验。但从某种角度来看，物流装备总体上属于工业设备，这类设备的品牌核心价值其实很明确，即能满足客户在功能、效率、可靠、安全、环保等方面的个性化需求，同时具备完整的维修、服务体系。因此，对于中国的物流装备企业来说，寻求适合自己的品牌建设方式，关键是结合产品、客户、应用等特点，进行技术、工艺、管理模式、服务等方面的创新。

4.2　企业研发投入不足

经过近十年的快速发展，我国已经具有数千家物流装备企业，物流装备产业不断壮大。然而，我国物流装备企业的研发供给能力与市场需求不完全匹配，一些装备特别是自动化和可靠性要求高的产品都是从国外购买，此现象反映出我国物流装备的自主创新和研发能力不足。

首先，现代物流的一个重要特征就是物流过程中信息技术的广泛使用，而计算机是信息技术的一个重要载体，物流企业计算机的拥有量是考察企业信息化程度高低的一个重要条件。目前我国拥有计算机的物流企业比例已经很高，但只有部分企业实现了计算机联网。还有相当一部分企业的计算机仅局限于企业内部办公，甚至充当打字机的替代品。从联网企业的比例和联网计算机的比例来看，距离现代物流信息交换的要求还有相当的差距，表明我国相当数量的物流企业的信息化水平还处于低水平。

其次，能够有效连接不同运输方式的大型综合货运枢纽，服务于区域或城市的物流基地、物流中心等现代化物流设施还比较缺乏，严重影响着物流集散和运输效率的提高。

再次，仓储基础设施在数量上有一定规模，但其质量和功能明显滞后。仓储作业很大部分还停留在人拉肩扛的原始水平上，一些起重装卸设备早已超期服役，基础设施普遍面临陈旧老化、设备管理技术落后等问题，造成了单位劳动生产率过低。

总而言之，自动化、智能化是物流装备发展的必然趋势，也是物流企业和市场发展的客观需求，是在新时期下保障物流行业健康发展的重要抓手。一是要加大自动化、智能化物流装备的投入力度；二是要转变物流企业经营者的管理思想，重视利用现代化的物流装备提升企业的服务水平和经济效益。

加强对物流装备技术的研发力度。《国务院办公厅关于促进物流业健康发展政策措施的意见》(国办发（2011）38 号）提出："加强物流新技术的自主研发，加快先进物流设备的研制，提高物流装备的现代化水平。"物流装备企业需要投入更多的人力、物力、财力到装备核心技术的研发中，以提高物流装备的先进性，通过自主创新、技术引进消化吸收、产学研结合等多种方式，整合各种可利用资源，充分发挥我国高校和科研院所的技术优势，在物流装备的关键技术上实现突破，缩短与国外物流装备的技术差距。

4.3 企业服务水平与效率低

尽管我国已出现了一些专业化物流企业，但物流服务水平和效率还比较低。目前多数从事物流仓储装备产业的企业只能简单地提供运输和仓储服务，而在流通加工、物流信息服务、库存管理、物流成本控制等增值服务方面，尤其是在物流方案设计及全程物流服务等更高层次的服务方面还没有全面展开。物流企业在销售前后与销售过程中的相关服务意识不足，也是物流仓储装备产业服务水平不高的一个重要原因。

物流仓储装备企业经营管理水平较低，主要体现在物流仓储装备企业人均产值低，即企业在一定时间内的产值与人数之比较低。这个现象的产生从整体来看主要是因为许多从事物流仓储装备产业的企业缺乏必要的服务规范和内部管理规程，经营管理粗放，提供物流仓储服务的质量不高。展开来说，从事物流仓储产业的企业多数是中小企业，由于规模较小，组织管理方面比较精干，但在生产管理的自动化、智能化、规范化方面还有待发展与提高；较大规模的企业生产设备相对比较先进，组织形式也比较规范，但是相当一部分企业在销售过程中提供增值服务的意识不强，还有部分企业内部管理水平较低，结构臃肿，企业效率与人均产值也一直没有较大提升。

4.4 产业协同有待强化

产业协同是指在科技、经济、社会环境、资源等因素作用下，产业或产业群彼此之间协调合作形成一种结构有序的过程，是多个产业及其相关的子产业在发展过程中的相互配合、互相协调，可以在越来越复杂的网络分工中解决好产业协调发展的问题。产业协同往往会实现 1+1>2 的协同效应。从产业协同的角度而言，现有的设备供应商纷纷往集成商转变的方式并不利于我国整体自动化物流系统水平的提升。单机设备厂家没有聚焦在自身优势产品的可持续纵向发展上，而是盯住行业总盘子持续增长的趋势进行横向发展，最终形成了很多大而不强的物流装备企业。一些重点行业甚至提出自动化和可靠性要求高的产品指定从国外购买。

对自动化物流系统而言，2016 年市场需求整体稳步增长，在人力资源成本增加、土地资源有限、国家经济转型升级等大背景下，许多领先发展的企业为了更好地为用户提供产品和服务，对自动化物流系统不断升级改造，传统企业也想借助物流进行转型升级。

这种新变化带来了自动化物流系统市场“行业拓展的横向”与“行业内部的纵向”物流建设的巨大需求；应用不断升级延伸，自动化立体仓库建设由起初只涉及原料、材料、成品等，发展到如今包括供应、分拣、制造、配送、装配等多个环节，应用逐步深入，集成更加紧密；自动化立体仓库融入供应链物流体系，满足“互联网+”生产/贸易的需求，自动化立体仓库本身正在逐步联网化，最终将实现自动化立体仓库向网络化、一体化物流服务发展；各行业都有相同和个性的需求，增长较快的是电商自动化立体仓库建设，表现在仓储一体，服务趋向专业化、网络化、供应链化及平台化。

2016 年的国内自动化物流系统市场，供应商加快了自身的技术发展和管理、提升，更多地从技术实力、行业方向以及地理位置等自身特点出发，捕捉和跟进市场需求。面对经济下行压力增大，市场出现疲软，行业竞争更加激烈的新形势，在开拓新行业、新领域的同时，进一步注重深挖行业市场潜力、开发重点行业，如电商、烟草、医药、轮胎、服装、冷链、机械电子、新能源等，响应热点市场的需求。供应商自身能力建设也在不断加强，能力进一步扩展，集成商、设备供应商之间的界限进一步模糊，原来单一从事集成或设备供应的厂商纷纷向设备供应或集成发展，以期发展成为能力更加完善、实力更加强大的具有综合实力的供应商。面对自动化物流系统领域持续和不断发展的需求，一些以往从事软件工程、输送设备、生产线自动化的企业采用市场资源共享、联合研制、自主开发等多种方式，积极向自动化物流系统领域进行拓展。这些发展态势进一步要求强化物流仓储装备行业的产业协同。

4.5　物流装备的标准化程度较低

在物流领域，我国有三个标准化技术委员会：全国物流标准化技术委员会、全国物流仓储设备标准化技术委员会和全国物流信息管理标准化技术委员会，各个委员会的标准部分相互重复，对于行业的指导作用不到位。目前我国国内没有对口的国际标准组织，欧洲标准化委员会（CEN）、日本物流管理协会、国际标准化组织（ISO）等标准化机构在世界范围内对于物流装备相关标准化与规范的研究有着突出贡献，我国已出台的物流标准多是偏于服务质量要求等方面的服务技术标准，对于物流装备的相关标准研究较少，导致各种物流设施设备的标准不统一，相互衔接配套性较差，我国在这方面与国外存在差距。

技术标准化问题是推进物流装备发展的关键问题，国外很早就通过制定物流装备的相关标准来促进和规范物流装备市场，特别是针对多式联运的集装箱与托盘标准。目前我国物流装备标准体系不健全，特别在包括仓储设施、载运单位、装卸设备等在内的物流仓储装备方面标准化程度还不高，已有标准部分缺乏指导意义，对于即将实施的新标准也存在着推广不力的情况，这些都严重制约了物流装备的发展。我国有关部门应加快物流装备标准化的建设步伐，加强标准化的组织协调工作，推进物流装备相关标准的研究、制定与推广，对于已经落后于新时期物流发展的装备标准需要修订完善，在制定物流装备相关标准的同时要注意与国际标准接轨。

4.6　人才培养体系不健全

由于发展时间较短，我国现代物流业发展的总体水平仍然偏低，整个物流专业人员都相对缺乏。尤其在中西部较为落后的地区，现代物流的研究落后，物流仓储装备产业专业人才短缺的情况依然没有得到有效改善。中国物流业尤其是物流仓储专业的发展离不开人才，而当前中国物流业是人才最为短缺的行业之一。造成高校人才培养体系不健全的原因主要由以下四点组成。

4.6.1　专业培养与市场脱节

物流仓储装备产业的市场规模日渐增大，目前物流中心和配送中心物流设施高度自动化，建设前需要大量的工程技术人员进行分析、设计，建成后需要大量的工程技术人员进行维护和管理；运输车辆、自动化立体仓库、装卸搬运设备等物流载体的设计、维护，也需要大量的工程技术人员，这种逐渐向集信息化、自动化、智能化和集约化于一体的现代物流发展的趋势，使得我国急需一大批物流工程技术人才。

由于物流工程是一个囊括采购、运输、仓储、包装、国际贸易、计算机等功能的管理性学科，物流工程人才应该是复合型的，不但要懂得物流工程专业知识，还要对所在岗位涉及的其他专业技能有熟练的运用能力，具有广博的相关知识，包括跨国贸易和通关知识、仓储运输专业知识、财务成本管理知识、安全管理知识和法律知识等。现代物流装备从生产上属于技术密集型产业，相关的设计与研究人员需要掌握物流管理、信息技术、物联网等多门知识。

我国目前物流工程人才缺乏，是因为物流工程人才的教育培养没有跟上经济发展的需要。定位物流工程专业培养目标、加强物流工程专业师资力量、优化物流工程专业课程体系是目前各个高校培养工作的重点。

4.6.2 专业设置没有与时俱进

受我国物流工程领域的管理体制条块分割、分业管理现状和传统教育模式的影响，虽然有不少院校设置了物流工程管理和物流工程等相关的专业及专业方向，但培养目标不明确，人才的培养受到了较大的局限。在目前高等教育体系中，大部分高校都开设的是物流管理专业，只有 100 所左右高校设立了物流工程专业，其中 985 院校和 211 院校尤为缺少。

4.6.3 教学资源缺少专业化

培养物流工程专业人才的速度和物流装备领域高速增长的人才需求之间不匹配。现有高校的物流工程师资力量大多是宏观经济学、机械工程学、管理科学、营销学、交通运输学专业教师转移过来的，物流工程专业水平总体不高。因此，要加大引进海外物流工程人才，借鉴发达国家已形成的物流工程人才教育模式，提高物流工程专业师资水平，组织物流工程领域的专家、学者共同研究编写物流工程教学教材，建立一支编撰教材的专业队伍，构建完善的教材体系，引进、借鉴国外教学成果和经验，推进物流工程教育的国际化。

4.6.4 实训基地少

实训基地可以由多个实验实训室组成，是用于在校学生通过工学结合学习实践技能的场所。实训基地分为校内实训基地和校外实训基地。校内实训基地是指其位置在学校内部的实训基地，校外实训基地是指通过校企合作建设成立的，位置在企业内部，用于在校学生学习实践技能的场所。现在开设有关物流专业尤其是物流仓储装备专业的学校只有小部分建成了校内实训基地，建成校外实训基地的更是少数，这就导致了物流仓储装备产业有关专业的毕业生实践经验较少，学生与企业岗位的距离不断被拉大。实训基地的实用性、真实性、仿真性、生产性、辐射性作用得不到充分发挥，这也是物流仓储装备产业人才培养诸多障碍的重要一点。

第5章 物流仓储装备产业技术分析

当前的物流业正向全球化、信息化、一体化发展，在智能工厂框架内，物流是连接供应、制造和客户的重要环节，也是构建未来智能工厂的基石。“互联网+”仓储设备发展促进了仓储机器人、无人仓储叉车、“货到人”自动拣选、“货到机器人”自动拣选、自动智能打包机器、自动输送分拣设备、自动化智能立体库等现代新型仓储技术和设备的快速发展，也推动了仓储资源共享发展，促进了仓配一体化与共同配送的发展，以仓储共享为核心的智慧仓储技术应用成为物流领域的新热点。

5.1 物流仓储新型装备与系统

新型物流仓储装备和新型物流仓储系统的产生综合了许多现代技术，如感知与标识技术、定位技术和大数据技术等。随着计算机网络技术的应用普及，通过对这些信息技术的开发与广泛应用来实现对物流全过程的跟踪、识别、认证、控制和反馈越来越普遍。

5.1.1 物流仓储机器人

在仓储系统中，有大量的货物定位、存储、取货操作，这些操作如果单纯人为完成，工作量巨大而且效率极低，尤其对于高层货架，没有堆垛机实现存取货功能，人工根本无法完成任务。因此主要的技术和装备是完成自动搬运和存取任务的物流仓储机器人。而要想实现无人控制，就必须让物流仓储机器人能够实现智能化工作。实现智能化大致可分为以下几个步骤。

首先，在商品的出入库环节，物流仓储机器人必须要能够识别不同的货物并进行存储定位分析。这个功能的实现目前已经比较成熟，例如用附着在目标物体上的 RFID 电子标签进行目标识别和定位操作，而用不同的频段来防止多个标签同时发送信息所导致的信号冲突。

接着，在确定了商品的存放位置后，物流仓储机器人要能够快速准确地将商品运至目的地。常用的技术有利用物流仓储机器人内部的地图信息和外部给予的激光导引信息，来规划出一条行驶路径，并通过传感器的反馈来计算出物流仓储机器人当前的位置和方向，使其能够在没有人工干预的情况下自行移动到指定位置。

最后，物流仓储机器人必须保证存取货物时足够精确，以便不会损坏货物。这就需要用到局部特征的识别和定位系统。下图是智能仓储物流中常用的几种物流仓储机器人类型，如图 5-1 所示。

a)　　b)　　c)　　d)　　e)　　f)

图 5-1　常用物流仓储机器人类型

a）并联拣选机器人　b）叉车 AGV　c）机械手　d）搬运 AGV　e）分拣 AGV　f）货架穿梭车

1. 自动导引车

自动导引车（Automatic Guided Vehicle，AGV），是一种以蓄电池作为动力源，装有非接触控制导向装置的无人驾驶自动化搬运小车，它是一种自动导向的小车。它的主要特征表现在能够通过上位机来控制小车并植入控制程序，最终能够通过计算机发布指令，并在其监控之下实现无人驾驶，自动沿着上位机规划的路径行驶，到达指定地点，完成一系列的作业任务，然后再等待下一个指令。它除了在一些大型的柔性生产制造系统和自动化搬运工厂中用来组成高效、稳定的物流系统外，还广泛用于普通工厂进行货物转运，尤其适用于不适合工作人员进入的工作场所。可以极大地降低人工成本、提高生产自动化。AGV 由以下几个部分组成：车体机械结构、驱动单元、通信单元、举升单元、定位导航单元、蓄电池与充电系统。

AGV 在各行业应用非常广泛，例如加工生产线、汽车制造、烟草行业、电力行业以及物流配送系统等，具有控制系统简单、施工和系统构成容易等优点。其空载运行速度可达到百米每分钟，运输能力可以从几千克到几十吨。AGV 在物流行业是一种非常有发展空间的物流输送设备，特别是在柔性制造系统（Flexible Manufacturing Systems，FMS）和柔性装配系统（Flexible Assembly System，FAS）中应用最为广泛，被称为最有效的物料运输设备。AGV 小车如图 5-2 所示，Kiva 机器人如图 5-3 所示。

2. 有轨穿梭小车

有轨制导车辆（Rail Guided Vehicle，RGV）又叫有轨穿梭车，可用于各类高密度存储方式的仓库。RGV 主要由车体系统、输送装置、认址装置、导轨系统、报警装置、电气装置等组成。RGV 小车和多层穿梭车分别如图 5-4 和图 5-5 所示。

图 5-2　AGV 小车

图 5-3　Kiva 机器人

图 5-4 RGV 小车

图 5-5 多层穿梭车

随着信息技术的发展，RGV 的自动化程度越来越高。各种通信技术、定位技术、信息识别技术、控制技术等在 RGV 上的应用也更加成熟，RGV 的调度以及障碍避让问题都得到很好的解决。各种 RGV，如自动换轨穿梭车等也不断出现，其在立体仓库中的应用范围也在逐渐扩展。多层穿梭车仓储系统是一种新型的自动化立体仓库，多层穿梭车在自动化立体仓库中主要作为一种快速存放取出的设备，但也可以作为独立的备货系统。RGV 运动速度快、自动化程度高，一定程度上提高了生产率与工作效率，减少了工作人员的工作量。目前，国外很多企业已成功应用 RGV 来提高生产效率，国内近年也借鉴先进科技，逐渐将 RGV 应用于烟草、医药、电商等领域，并取得了一些成果。但是 RGV 的成本也较高，如何用最少数目的 RGV 实现货物的调度是今后研究的重点之一。

3. 空中悬挂小车系统

空中悬挂小车系统（Electrified Monorail System，EMS）（见图 5-6）通常包括环形轨道，平移道岔，工件的上件工位、下件工位，维修工位，自行小车等。其中，自行小车一般由车架、驱动装置、车载控制器等组成。根据空中悬挂小车系统的功能要求，设计其轨道线路，道岔的分流、合流，上件工位、下件工位、维修工位的位置、数量，以及各工位点的动作要求、动作时间和配置自行小车的数量。

图 5-6　空中悬挂小车系统

空中悬挂小车系统是一种重要的智能化物流输送系统，在汽车装配等行业已经得到了广泛应用。近年来，随着现代企业生产车间朝着自动化、信息化、智能化方向的发展，空中悬挂小车系统以其节省空间、输送灵活、工作安全可靠等优点，被越来越多地应用于车间生产物流中，其市场需求呈扩大趋势。在空中悬挂小车系统中，其控制系统处于核心地位，控制系统的优劣直接影响着整个系统的输送性能。对空中悬挂小车控制系统进行深入研究，以满足不同生产形态下的物流输送要求，具有十分重要的现实意义。

5.1.2　新型存储系统

货物在 AS/RS 中的初始位置是由货位存储策略配合货位分配原则来确定的。常用的存储策略包括：定位存储、随机存储、分类存储、分类随机存储和共享存储等。

1）定位存储依据货品的周转率或出库频率进行。优点是能缩短入/出库堆垛机的运行距离，缺点是货品的库区货位必须设计为货品的最大在库量，这会降低库区空间平均使用效率。

2）随机存储按货品入库时间顺序依次存放于靠近入/出口的储位。优点是可共享货位，缺点是进行货品的出入库管理和盘点管理较为困难，因为周转率高的货品可能储放在离入/出口较远的库区位置，使货品出入库效率下降。

3）分类存储通常按产品的相关性、流动性、产品尺寸或产品特性来进行。优点是有利于畅销品存放，具有定位储放的优点，但比定位存储灵活，缺点是库区储位必须设计为货品的最大在库量，降低了储区空间平均使用效率。

4）分类随机存储是将每一类货品存放在固定库区位置上，但货位分配是随机的。具有分类储放部分的优点，还可节省货位数量，提高库区利用率。缺点是货品入/出库管理及盘点工作有难度，兼具分类存储及随机存储的特点，但是需要的介质空间介于两者之间。

5）共享存储指不同货品可共享货位空间。优点是能够节省储存空间和搬运时间，缺点是这种管理在理论上相对比较复杂。

货位分配考虑的原则是很多的，如专用于仓储的AS/RS，其分配原则包括：货架承载均匀，上轻下重；加快周转，先入先出；提高可靠性，分巷道存放；提高效率，就近入/出库；产品相关性等。

1. 被动式密集仓储货架

密集式仓储系统即为自动化程度高、存储率高、占地面积小、空间利用率高的仓储系统。它起源于国外，随着土地成本的增加和空间利用率的制约，近几年密集式仓储系统在国内的应用逐渐得到推广和重视。其主要原因是药房和医药配送仓库药品种类的上升及规模的扩大，对现有医院药房和仓库提出了更高的要求，密集式仓储系统应用于药品仓储领域的需求更加迫切。密集式仓储系统与传统仓储系统相比，其最大的特点就是仓储率的提高，提高仓储率实际就是对货架进行设计及对其在仓库中进行排列。如何合理安排货架的排列，是减少成本及开销的关键。

被动式密集仓储技术是指存储在货架上的货物静止，搬运设备，如叉车或堆垛机沿货位深度方向存取货物，然后将货物放至出库点。和传统托盘货架相比，搬运设备多出了在深度方向的行走路径，会降低出入库效率。目前常见的采用被动式密集仓储技术的货架有贯通式货架和双深度货架。

(1) 贯通式货架　贯通式货架又称驶入式货架或通廊式货架（见图5-7），适用于少品种、大批量货物的存储。当有存货任务时，工作人员通过叉车将货物从货架端口将货物存入；当有取货任务时，工作人员通过叉车将货物从货架端口将货物取出，因此贯通式货架货物存取遵循先入后出的原则。

（2）双深度货架　双深度货架是将双排货架并列存放（见图5-8），由于在搬运设备存取的深度方向上有两个货位，故需要使用特殊的设备，如前移式堆垛机进行存取。双深度货架上的货物存取也遵循先入后出的原则，对后排货位货物存取时需要先取出前排挡住的货物。

图5-7　贯通式货架

图5-8　双深度货架

2. 主动式密集仓储货架

主动式密集仓储技术同被动式恰恰相反，它是指通过重力或货架上的电动机链条使货物在货架深度方向上具有运动的自发性，无需搬运设备在深度方向上行走，从而提高了系统的出入库效率，弥补了被动式密集仓储的不足。目前常见的采用主动式密集仓储技术的货架有穿梭车式密集货架和动力式密集货架。

（1）穿梭车式密集货架 穿梭车式密集货架（见图 5-9）是在货架深度方向安装导轨，使穿梭车可以在货架深度方向上前后运动，穿梭车和升降台或堆垛机等搬运设备配合，可以实现对货物的存取。存货时，搬运设备将货物放至导轨前段，穿梭车自动将货物存放到目的货位；取货时，穿梭车从目的货位取出货物，将其放至导轨前段，再由搬运设备携带走。由于穿梭车在货架中可自由到达每一个货位，因此该系统货物可自由出入，不遵循先进先出或先进后出等原则。

优点：穿梭车式密集货架可设计的货格深度较大，空间利用率高；可在先进先出和先进后出间自由选择，系统柔性大；同重力式货架、驶入式货架等相比，其综合成本方面具有较大的优势。

缺点：考虑到成本原因，穿梭车式密集货架通常是多个通道共用一台穿梭车，这和重力式货架每个通道都具有独立的重力辊道方式不同，当穿梭车需要跨通道工作时，还需借助堆垛机等搬运设备，降低了作业效率。

图 5-9 穿梭车式密集货架

（2）动力式密集货架 动力式密集货架（见图 5-10）是在货架深度方向上安装动力辊道，该辊道具有顺时针和逆时针旋转两种模式，因此货物在货架上可实现前后两种运动方

图 5-10　动力式密集货架

向。存货时，通过堆垛机等搬运设备将货物放在货架端口，依靠辊道动力将货物存入目的货位；取货时，辊道将货物运送至货架端口，通过堆垛机等搬运设备将货物取走。由于货架中货物运动方向的双向性，该系统可实现先进先出或先进后出。

优点：动力式密集货架中每个通道都具有独立的动力辊道，因此可同时对所有货物进行存取作业，作业效率更高；具有先进先出和先进后出两种作业模式，系统柔性大。

缺点：动力式密集货架需要安装大量动力辊道，系统成本较高。

5.1.3　分拣与智能拣选设备

分拣作业就是根据顾客的订货要求，迅速、准确地将货物从其储位拣选出来，并按一定方式进行分类、集中，形成用户所需的订单货物。分拣作业的一般流程：首先以拣货单元的形式，将货物存放在分拣区；分拣人员或设备按拣货单的要求，拣取所需要的一定数量的货物；随后将拣出的货物放到集中容器中，再将容器放到输送系统或搬运设备中；最后由输送系统或搬运设备将容器送至集货点；同时根据情况对分拣区进行补货。

货物的分拣包括货物的拣选、输送、合流、分类、集货与补货。分拣设备是物流系统货物输送过程中重要的设备。大型的物流配送系统中，仅仅依靠人工分拣无法完成大规模的分拣工作，为了提高分拣效率和准确率、提高服务水平、节省劳力和工作时间，广泛采用自动分拣设备。在自动分拣系统中，分拣的主要过程是：货物通过输送设备顺序进入识别区域，经过识别后进入分拣机构。根据识别信息来控制分拣机构对物品进行分类，并把分拣后的货物送到指定位置。并联分拣机器人如图 5-11 所示，分拣机械手如图 5-12 所示。

物流分拣方式多种多样，主要包括传统分拣方式和现在通用的拣选方式。

（1）传统分拣方式

1）传统“人到货”分拣方法：分拣对象不动，通过工作人员或者相应设备移动到分拣对象位置来拣取货物。这种作业系统构成简单、柔性高，但劳动强度高、补货不方便。现在

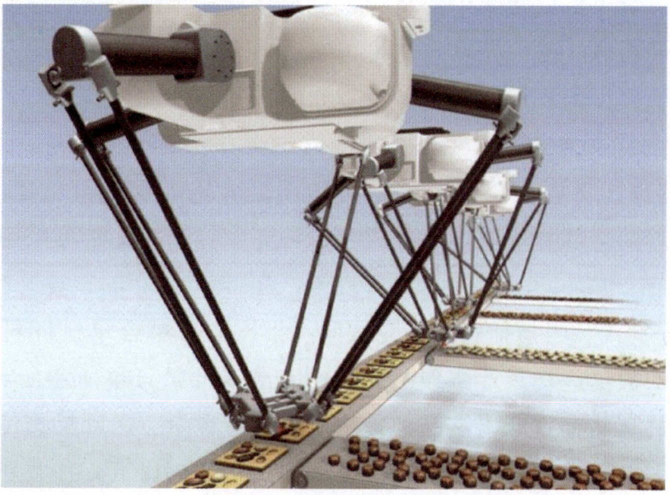

图 5-11 并联分拣机器人

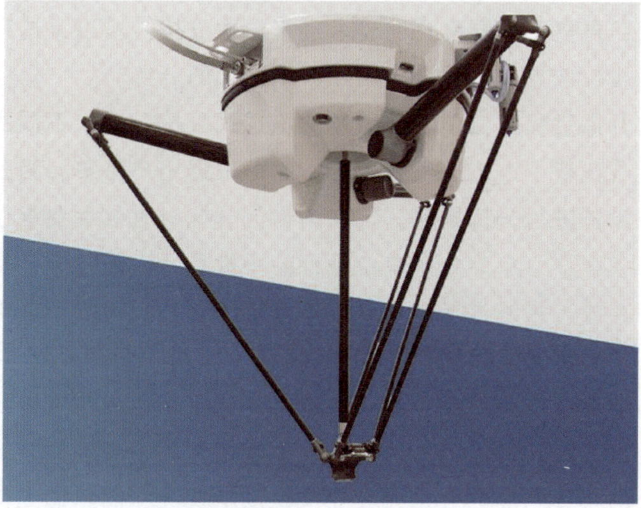

图 5-12 分拣机械手

国内大多数物流配送中心选择此类分拣方式。

2）分布式“人到货”分拣方法：与传统“人到货”分拣方法不同，分布式“人到货”分拣方法的分货作业区被输送机分开，拣出的货物可以直接由拣货人员放至输送机上，自动输送至集货点。此方法劳动程度相对较低、拣货效率相对较高，但柔性较差、补货不方便。

3）“货到人”分拣方法：分拣人员不动，分拣对象“移动”到分拣人员面前，供不同的分拣人员拣取，拣出的货物集中在集货点的托盘上，然后由搬运车辆运走。此方法分拣效率高、工作面积紧凑、补货容易，但其分拣周期较长、柔性较差。

4）闭环“货到人”分拣方法：载货托盘处在固定位置，输送机将分拣货架送到集货区，拣货人员根据拣货单拣取货架中的货物，放到载货托盘中，然后移动分拣货架，再由其他分拣人员拣选，最后通过另一条输送机将拣空后的分拣货架送回。此方法拣货路线短、拣选效率高、系统柔性好，但作业时间长，出货和返回问题处理复杂。

（2）现在通用的拣选方式

1）拣选式：拣选式又叫摘果式，其配货作业是分拣人员或分拣工具巡回于各个储存点，将单一订单所需的全部货物取出，完成配货任务。拣选式配货可采用单一分拣法，准确程度较高、机动灵活。

2）分货式：分货式又叫播种式，首先按同一批次的订单合单，将同一批次不同订单共同需求的同一货物的数量进行累计，如此类推，完成该批量订单所需所有货物的汇总统计，随后分货人员或工具从储存点取出该品种货物所需的总数量，送到拣选位，拣选人员按顺序将同一货物按订单需求量放在各订单的货位上。随后再分拣出下一种共同需求商品，如此反复进行，直至将该批次订单需求的全部货物取出并分放完毕。

分货式配货工艺是集中取出众多用户共同需要的货物，再将货物分放到事先规划好的配货货位上。这就需要若干用户有共同需求，形成共同的批量之后，再对用户共同需求进行统计，集中分拣完成后，再按照不同客户的需求进行二次分拣。所以，这种方式难度较大，计划性较强。因此分货式拣选方式不适合多用户、小批量的分拣。

智能拣选设备的分拣过程类似于之前所述的拣选式分拣方法。不同的地方在于，智能拣选设备由自动化的设备代替了人工进行分拣工作。即根据用户订单，当胶带机运行至货物所属的槽道时，由分拣设备进行分拣操作。现在的物流分拣对时效性要求极高，且立式智能拣选设备的分拣是以单一客户订单为分拣单位进行的小批量、多品种、多批次的分拣，并将同一客户所需货物集中存放，最终进行自动封箱并等待配送。无需等待若干个客户进行货物的集中分拣并分货至不同客户的集货地点等待配送。

随着物流业的高速发展、商品品种的日益丰富，分拣作业逐步变得复杂。在生产和流通领域中，物品的分拣已成为耗时、耗力、占地大、差错率高、管理复杂的环节，特别是小批量、多品种、多批次的小件物品的分拣，其要求也逐步变高，简单的人工分拣已经不能够满足大型物流配送中心客户的需求。

5.2 物流仓储装备核心技术

1. 自动识别技术

自动识别技术（Automatic Identification Techniques，AIT），是指以标识技术为基础，通过获取标识载体承载的标识信息，实现标识对象信息获取的技术。它是信息数据自动识读、自动输入计算机的重要方法和手段，也是物流信息技术中的核心技术。

自动识别技术近几十年在全球范围内得到了迅猛发展，初步形成了一个包括条码技术、磁条磁卡技术、IC 卡技术、光学字符识别、射频技术、声音识别及视觉识别等集计算机、光、磁、物理、机电、通信技术为一体的高新技术学科。应用于自动化仓储物流的主要有语音识别技术、图像识别技术、射频识别技术和条码识别技术。

（1）语音识别技术　语音识别技术，是指用人的语言去指挥和控制机器，让机器“听懂”人的语言，并根据人的指令去完成各种各样的任务。语音识别以语音为研究对象，它是语音信号处理的一个重要研究方向，是模式识别的一个分支，涉及生理学、心理学、语言学、计算机科学及信号处理等诸多领域，甚至还涉及人的体态语言（如人在说话时的表情、手势等行为动作可帮助对方理解），其最终目标是实现人与机器之间的自然语言通信。

作为现在较为先进、成熟的语音技术，“解放双眼、解放双手”的操作方式提高了操作员的生产力，与扫描或读取屏幕相比更加容易且更有效率，并能够给企业仓储带来高效的拣选效率以及有力的员工效率考核，正逐渐成为物流领域仓储管理的“利器”。许多组织还将语音化仓库视为新一代配送中心和仓库物料运输的重要模块。除了条码识别技术外，语音技术也是物流领域目前所关注的一个技术热点。

（2）图像识别技术　机器视觉最广泛的运用就是图像识别与定位，实际上是用机器代替人眼来做测量和判断。机器视觉系统是通过机器视觉产品（即图像摄取装置，分为 CMOS 和 CCD 两种）将被摄取目标转换成图像信号，传送给专用的图像处理系统，得到被摄目标的形态信息，根据像素分布和亮度、颜色等信息，转换成数字化信号；图像系统对这些信号进行各种运算来抽取目标的特征，进而根据判别的结果来控制现场的设备动作。图像传感器或者 CMOS、CCD 相机作为一种图像获取装置，将其与物流设备结合的应用越来越广泛，图像识别技术正悄然改变着产品定位、拣选方式，大大提高了作业效率。

（3）射频识别技术　射频识别（Radio Frequency Identification，RFID）技术是自动识别技术的一种，通过无线射频方式进行非接触双向数据通信，对目标加以识别并获取相关数据。射频识别技术装置基本组成包含以下三个部分：电子标签，由耦合元件组成，每个标签具有唯一的电子编码，附着在物体上以标识目标对象；阅读器，是读写标签信息的设备，分为手持式和固定式；天线，在标签和阅读器之间传递射频信号。当物品携带的电子标签进入阅读器的工作范围内，接收到阅读器发出的识别信号时，会将自身存储的电子信息调制后反射给阅读器，阅读器因此获得物品的相应信息。射频识别技术在物流系统中具有很大的优势。

利用 RFID 技术与托盘系统结合，在仓储配送中心闭环应用，可以有效降低成本。在普通的仓储系统中，除了基于条码的自动识别技术具有广泛应用外，“电子标签辅助拣选系统”也有一定的应用。电子标签指的不是 RFID 标签，电子标签辅助拣选系统是采用电子指示标签进行拣选作业的系统。该系统是一种将出入库订单经计算机系统分解后，传送到货架各货位，用电子显示技术引导拣货的辅助拣选系统。这一系统简洁实用，应用较广，而将RFID技术与托盘系统结合，使每个托盘上都有一个RFID芯片，货物的信息及位置信息都可以得到确定。RFID技术有以下几个方面的应用：

1）入库管理：处理信息中心发来的各种调度指令，并进行相应入库处理。主要包括入库类型、货物验收、收货单打印、库位分配、预入库信息、直接入库等功能。

2）出库管理：对货物的出货进行管理，主要有出库类型、货物调配、拣货单打印、拣货配货处理、出库确认、单据打印等功能。

3）库存管理：对库存货物进行管理，主要包括库位调整处理、盘点处理、调换处理、退货处理、包装处理及报废处理等功能。

4）货位导航：出、入、盘库时可以清晰地记录货物所在位置。可以实现通过计算机中的二维画面显示库存，从而可以提供对现有仓库库存情况的各种查询方式。

（4）条码识别技术　将条码识别技术应用于零件仓库的管理系统中，可以节省手工书写、输入票据的过程，可以很大程度地提高管理效率。此外，用条码管理零件仓库系统，还可以解决零件库房信息陈旧等问题。另外，可以解决票据信息上的抄写问题，提高质量服务，减少人工操作上的失误。

在货品出库时，工作人员会按照货箱、批次、容器、承载能力等指标，使提货与顾客的订单一致。管理员选择“出库模式”后，扫描提货箱，系统里便会对货箱进行确认，确保货箱中的物品与单据一致。如果发现发货与提货的数量不一致时，则需要在系统中输入原代码，对存在的差异进行解释，再重置代码以及报告。

（5）RFID技术与条码识别技术的结合应用　现行的仓储物流，大部分采用条码作为仓储管理智能化的方式，虽然其智能化程度比以前大大提高，但仍需要耗费大量的人力物力投入到仓储物流中。现在如果将RFID系统与现行的条码系统相结合，可有效解决与仓库及货物流动有关的信息管理，不但可增加一天内处理货物的件数，还可以查看这些货物的一切流动信息。将RFID技术与条码识别技术相结合，也是RFID在现阶段应用的一种方式。可以将条码贴在物品上，射频电子标签贴在存放物品的托盘或叉车上，电子标签存放托盘或叉车上所有物品的信息，阅读器则安置在仓库的进出口。每当物品进库时，阅读器自动识别电子标签上面的物品信息，并将信息存储到与之相连的管理系统中；当物品出库时，同样由阅读器自动识别物品信息，并传送到管理系统，由系统对信息进行出库处理。

随着电子商务的高速发展及其对传统领域的全面渗透，零售、快递、全冷链生鲜配送、医药、服装等行业的物流总量在不断增长，国内物流行业发展迅速，物流效率在不断提升，由高新技术代替传统人力已经成为不可逆的趋势。在自动识别领域，将条码扫描器、手持移动数据终端、车载移动终端和工业打印机等自动识别设备有效地应用于物流业运输、仓储、配送、包装、装卸等基本活动环节，通过对大量数据的识别、采集及管理，实现货物运输过程的自动化运作和高效率优化管理，便是智能物流的最好体现。

2. 物流装备接口与自组织技术

（1）接口技术　通过接口技术可以将计算机与外围设备连接在一起，实现数据采集、监测、遥控等功能。目前常见的接口有并行接口、串行接口等。

物联网终端的智能识别设备和传感检测设备等本身就具有数据采集的能力，而且都提供了标准的通信接口。所以这些智能识别设备和传感检测设备可以通过接口技术直接接入监控系统，与中央控制系统进行通信，实现远程数据采集、监测和控制等功能。通过设备接口，可以实现设备与计算机等互相通信，从而实现远程化监控与智能化控制，从而对设备接口标准提出了很高的要求。目前，主要应用的接口标准有串行接口标准，如 RS232、RS-485，并行接口标准，如 8255A 芯片就是典型的并行接口标准的芯片。目前自动化仓库所常用的硬件接口与通信接口有硬件接口和通信接口。

1）硬件接口：USB 接口或 CSI 总线接口，RJ45 网络接口，RS232 串行接口，电源接口。

2）通信接口：以太网通信接口（RFID 阅读器），协议类型为 TCP、IP 协议；RS232 串行总线通信接口，协议类型为 RS232 串行通信协议，使用 RS232 标准；提供与外部客户服务、内部员工服务、各种服务网关的接口，如 WAP、SMS、PDA。

（2）自组织技术　自组织技术是在 20 世纪 60 年代末期开始建立并发展起来的一种系统理论。它的研究对象主要是复杂自组织系统的形成和发展机制问题，即在一定的条件下，系统是如何由无序走向有序，由低级有序走向高级有序的。协同系统的有序或者高级有序的方式称为“自组织”，过程称为“相变”，状态称为“涨落”。把影响系统有序的关键因素称为序参量，非关序参量支配着各子系统的行为，它们之间的协同竞争通过各子系统的相干作用表现出来又为各子系统所支持，从而影响和决定系统自组织的程度与方向，进而决定系统的有序程度。

自组织技术应用于自动化仓储物流，即要建立不受外部因素约束和控制的物流系统。实际上自组织是一种资源自动的由无序向有序转变，从低级有序向高级有序转变的过程。物流系统在此基础上不仅需要完成物体实质在时间和空间上的转移，还需要完成加工、包装、运输、存储及物流信息处理等多项功能，在不借助人工干预的前提下，完成指定的任务，将自组织技术融合到物流仓储中，将大大减少人力、物力。譬如要在设备监测、设备运转、货物跟踪的过程中，能够根据精确的自组织算法，将设备的监测、设备运转数据融合，然后从融合的数据当中提取特征向量，运用模式识别的方法进行处理，最后将多个传感器的处理数据在决策层进行再融合，为自组织算法提供原始数据。

3. 大数据技术

（1）基于大数据的装备数字化技术　数据已经渗透到每一个行业和业务职能领域，逐渐成为重要的生产因素，而人们对于海量数据的运用将预示着新一波生产率增长和消费者盈余浪潮的到来。大数据是指需要通过快速获取、处理、分析以从中提取价值的海量多样化的交易数据、交互数据与传感数据。所涉及的数据量规模巨大到无法通过人工在合理时间内完成信息的采集、处理、管理，并将其整理成为人类所能解读的信息。

大数据技术是从海量的数据中提取出有用的数据进行处理，且这些数据存在一定的关联，具有分析价值，其核心技术分为处理和分析两类：如模式识别技术、数据挖掘技术、分布式数据库技术、信号处理技术和云计算技术等。目前，大数据技术已普遍应用到各种信息系统中。主要是目前在人们的生活、工作和学习过程中产生了大量的数据，因此，使用大数据技术对企业经营、发展过程中所产生的大量数据进行挖掘、分析，有助于企业提升工作效率，改善决策过程，推动企业管理工作的开展。

利用大数据分析技术，可以有效提升物流设备的数字化技术水平。从广义的物流来讲，大数据可以整合物流系统资源，如原料采集、生产制造、物流配送等，找出资源最优配送的路径和方式；仓储物流方面，通过数据分析，针对每个运输节点进行分析，找出最佳存取货方式，能够提升出入库系统的效率。

（2）基于大数据的智慧云物流　智慧物流是将 RFID、传感器、GPS、云计算等信息技术广泛应用于物流业运输、仓储、包装、装卸搬运、流通加工、配送、信息服务等各个环节，实现物流系统的智能化、网络化、自动化、可视化、系统化。

云物流主要针对目前的物流服务无法满足客户在时间和空间上的需求，由政府、电子商务企业、物流承运商和客户共同参与构建，处理商品从运输、装卸、包装、仓储、加工、拆并、配送等各个物流环节中所发生的各种信息，通过物流信息平台使信息能够快速准确地传递到相关企业和消费者，如图 5-13 所示。

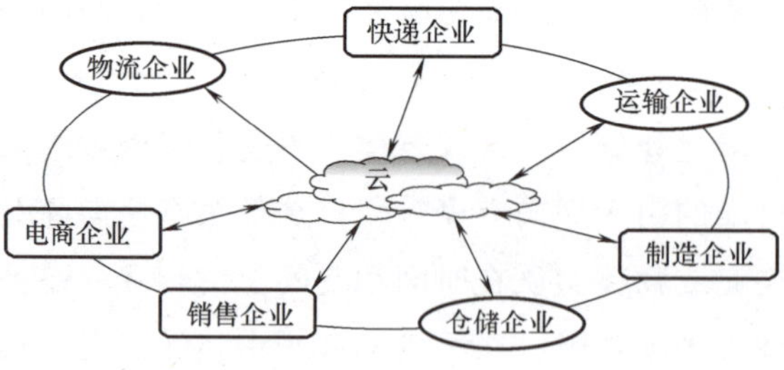

图 5-13　云物流各环节信息交互

智慧云物流系统是对传统物流系统的改良，是对传统信息平台的更新换代，在技术定位上，采用云计算、物联网等新一代技术，打造的智慧物流体系的云物流服务营运平台，其云物流平台架构如图 5-14 所示。

（3）基于大数据的智能决策技术　基于大数据的物流服务决策技术包括数据仓库、联

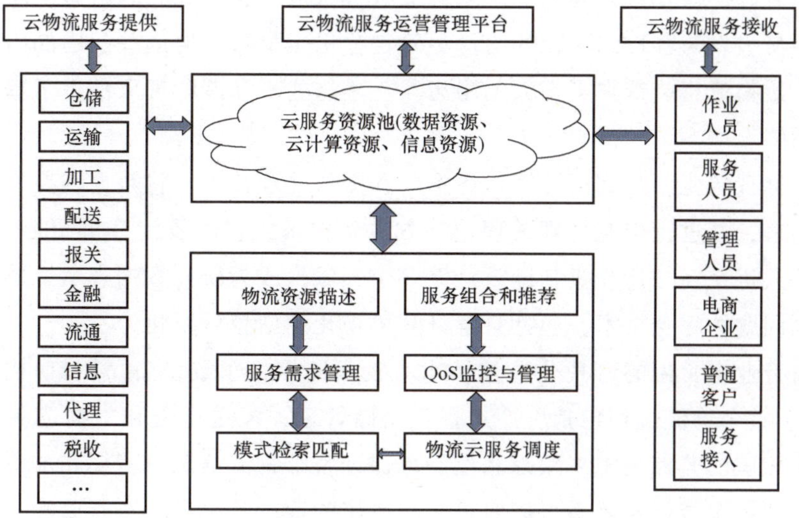

图 5-14 云物流平台架构

机分析处理（Online Analytical Processing，OLAP）、数据挖掘和数据分析工具等。数据仓库是一个面向主体的、集成的、时变的、非易失的数据集合，支持管理部门的决策；联机分析处理主要通过多维的方式来对数据进行分析、查询和报表；数据挖掘技术可以帮助决策者分析处理物流数据，提高物流决策的总体效率。

应用数据挖掘分析货物数据可从以下五个方面考虑：①货物分类，如把货物按进货地或出货地分类，可以有效组织运力，减少运输成本；②货物库存估计与预测，根据既有连续数值的相关属性资料，以获取某一属性未知的值。可以估计出某一种货物存取时间的规律或周期以便组织调度货物，如药品仓库中感冒药一般在春秋季出入库频繁，因为春秋季容易患感冒；③货物聚类，货物没有明确的分类标准，可根据对象的一些相似特征进行分组；④货物间的关联和系列发现，关联是要找出某一事物或资料中会同时出现的东西，如汽车零件仓库中一些零部件的存取，随之会有相关联的零件的存取；⑤货物存库的描述，大量货物的存取刚开始时难以找到规律，需要对复杂的数据提供简要的描写。

目前可视化物流信息系统在国内物流企业中的实际运用很少，物流决策系统中数据挖掘发现的货物规则是动态的，会随着新数据的添加而变化，所以要及时更新数据库。而数据库更新成本较高，数据挖掘信息系统与物流其他系统集成度低导致企业不愿意投资，而且物流行业缺乏高水平高素质的数据挖掘人员，物流决策者要重视引进并留住合格人才。目前数据挖掘工具大都是国外产品，是否完全适合我国物流行业的特点还有待实践检验。

4. 多维监控及可视化技术

物流行业中存在的监控盲点有：①无法观察货物的入库、储存、移位、出库等全过程，导致出现暴力装卸、监守自盗等不良现象；②管理人员不能准确获取信息，缺少运输过程的全程跟踪，容易引发与客户的法律纠纷。尽管这些仍是少数，但这些问题的出现影响了行业的整体形象，给物流行业带来了很大的隐患。正是这些不和谐的现象催生了基于可视化技术的多维监控系统。

可视化又称视觉化，是利用计算机图形学和图像处理技术，将数据转换成图形或图像在屏幕上显示出来，并进行交互处理的理论、方法和技术。它涉及计算机图形学、图像处理、计算机视觉、人机交互、计算机辅助设计等多个领域，成为研究数据表示、数据处理、决策分析等一系列问题的综合技术，包括科学计算可视化和信息可视化。

目前物流行业中常用的可视化监控技术有视频监控、车载设备、RFID 技术、3S（GIS/GPS/RS）等。整个物流过程包括生产过程、仓储管理、配送运输和货物追溯等流程，每一个步骤都需要相应的监控技术来跟踪和控制以保证整个物流信息的流畅和准确，所以这就涉及多维监控。利用多维监控体系可以对每一个系统的运行状况进行实时监控，全面保障各个环节物流信息的交流和传输，提高工作效率和整个物流的管理水平。

物流监控正是基于可视化技术发展起来的先进技术手段，它的可视化体现在全流程可视、全资产可视、实时可视和双向可视，物流公司和客户都可以通过监控系统方便地查询各自所需信息。在物流配送中心，对仓库到货检验、入库、出库、调拨、移库移位、库存盘点等各个作业环节的数据进行自动化采集，跟踪整个过程，保证各个环节数据输入的速度和准确性，对计划存储、流通的有关物品进行相应的可视化监控管理，及时准确地掌握库存和物品的位置、状况等信息，合理保持和控制企业库存，实时生成准确的库存报告，提高了库存利用率。

以自动化立体仓库为例，仓库运行的同时对系统中的各种运作设备的状态进行实时监控，动态显示堆垛机和出入库传输设备以及各货物的运行位置，显示所有任务的当前运行状态，便于及时发现设备和各个环节存在的问题，保证了货物的安全性，同时更精确的进、销、存控制大大提高了仓库的工作效率。可视化技术同样可以应用在仓库的货物分拣流程，在传统分拣货物的时候，操作员驾驶堆垛机从一个货架点到另一个货架点费时又费力，效率低下，但当把可视化技术运用在堆垛机上，再将堆垛机控制系统和远程控制系统通过网络连接时，不仅可以解放人力实现分拣自动化，而且可以实时监控货物的分拣状态，大大提高了仓库的运作效率。

5. 物流虚拟技术

物流虚拟技术广义地讲是一种运作与管理，从而实现优化资源配置，实现集约最优的物流方式；狭义而言，物流虚拟技术是指通过建立仿真模型、数据库，通过模拟场景，实现物流设备之间通信、运行的仿真，通过人机交互在仿真平台上实现布局、路线合理设计，达到配送效率最高的目的。

虚拟现实（Virtual Reality，VR）技术是一种模拟人类视觉、听觉、触觉的人机交互技术，是在计算机图形学、多媒体技术、人机接口技术、计算机仿真技术及传感器技术等众多技术基础上发展起来的一门多学科交叉技术。VR技术具有沉浸感（Immersion）、交互性（Interaction）等主要特征。沉浸感指计算机所建立的三维虚拟环境，能使人产生身临其境的体验；交互性指人可以通过专用设备来对虚拟环境中的对象进行观察和操作。基于VR的系统仿真技术（VR仿真），是系统仿真发展的主要方向。VR仿真是近年来逐渐发展起来的先进仿真方法，它利用计算机图形学、系统科学、运筹学等技术，通过对现实场景进行虚拟再现来演绎出系统的动态模拟过程。VR仿真通过对实际场景建模和渲染，产生三维虚拟场景，提供给仿真决策者以身临其境的观察感，并可使用户产生漫游动态系统的真实感受，从而有效对系统进行控制和决策。在仿真系统的支持下，使用者可以实时地对复杂系统的仿真过程进行控制和评估。

现代物流系统有综合性和复杂性的特点，采用VR仿真技术对其进行系统仿真可以从物流复杂系统建模、仿真虚拟运行等方面提高仿真能力，从而使仿真系统更直观地反映实际系统的运行过程和特性。目前，对现代物流系统的仿真研究，可以集中在以下几个方面。

1）物流过程仿真：指对运输、仓储、装卸、包装等物流过程的仿真。例如，公路运输系统的物流仿真研究，分析运输过程中公共运输的规划与效率、事故的影响；自动化仓储物流系统仿真，分析其设备布局的合理性、设备运行的效率、设备利用率等问题。

2）物流管理仿真：指以物流管理决策为目标的策略性仿真，例如供应链网络的布局规划仿真，研究不同拓扑结构的效果；对自动化仓储物流系统调度策略仿真，分析不同路径优化算法下调度策略的执行效率等。

3）物流成本仿真：指以降低物流成本为研究目标，通过仿真方法统计并计算物流成本。在传统制造业中，物流成本往往和销售成本归为一类，因此很难掌握物流成本，也就无法根据成本统计改善物流流程。利用仿真方法可以动态地记录系统动态运行过程中的消耗，从而计算其物流成本。

物流VR仿真作为先进的系统仿真技术，其仿真对象是复杂的物流系统。物流系统往往具有多目标的仿真要求，包括对于物流过程、物流管理、物流成本等各个方面的仿真。

物流系统VR仿真是对于现实环境的模拟，因此就需要对整个虚拟物流环境进行三维建模。目前对于物流系统的三维建模主要有两种方法：一种是直接利用3D编程语言来实现对于三维模型的构造，主要的实现语言包括Direct3D、OpenGL、Java3D和VRML。这属于从底层构建仿真系统的方法，其特点是可以根据研究对象和目标需要实现模型自定义，提高建模的柔性。另一种建模方法是通过现有三维仿真工具进行开发，例如Maya、Vega和Arena等，利用三维仿真工具进行二次开发具有开发难度小、实现速度快等优点，但是往往不能应对个性化和具有交互性要求的物流三维实体和场景的建模。

6. 复杂物流配送中心集成控制技术

物流配送中心（Distribution Center）是实现配送业务的现代化流通设施。物流配送中心主要是接收并处理下游客户的订货信息，对上游供应商提供的物品进行分拣，并根据用户的不同要求来进行拣选、组配、倒装、分类、保管、流通加工和信息处理等作业，以满意的服务水平进行配送的设施。

物流配送中心中自动分拣系统、自动化立体仓库、自动化拣货系统（如电子标签拣货装置）的计算机控制和无线移动计算机在配送中心入库、出库、拣货、盘点、储位管理等方面的应用，实现了配送中心物流作业的无纸化。再如，建立物流配送中心自动化补货系统，把供应商、配送中心、商场（POS 系统）的产、供、销三者组成网络与集成供应链物流管理系统（Efficient Consumer Response，ECR），使传统的点（企业内信息系统）发展到线（企业间资讯系统）、面（供应链上中下游垂直、水平整合），进而进入“体”（跨国、跨企业的供应链整合）的时代。以网络化的商业行销（电子商务）带动创造附加价值的新物流行销，促进商品流通，缩短流通通路，满足客户多样化、个性化的需求，真正使商流、物流、信息流、资金流融合为一体，实现商业自动化。

一般对物流配送中心的集成控制基本都会涉及成本控制、质量控制和流程控制。

成本控制主要指的是物流配送中心在满足一定顾客服务水平的前提下，与配送中心成本之间寻求平衡状态。即在一定的配送成本下尽量提高顾客服务水平，或在一定的顾客服务水平下使配送成本最小，从而使整个物流配送中心系统实现产出效益方面的合适目标。这里成本控制可以说贯穿了整个物流配送中心系统，涉及物流子系统、信息子系统以及运营子系统等流程。

质量控制主要是针对物流配送中心系统所要实现的服务目标。物流配送中心系统只有对其各系统运行流程进行严格的质量控制，才有可能达到较高的服务水平。因为物流配送中心系统所提供的服务质量高低在很大程度上取决于其运行过程的质量控制，所以必然要对物流配送中心系统所主要涉及的运行过程加以全面的质量控制。

流程控制主要在于整合物流配送中心各环节内容及各环节间的交接关系，形成业务的无缝衔接。较为完整的物流配送中心系统会涉及原材料的采购、存储保管、配组、分拣分装、集散、流通加工、送货、信息衔接等整个流程，这就必然造成其流程在时间、空间上的巨大跨度。针对物流配送中心系统流程的特殊情况进行流程控制，就是尽可能缩小这种跨度，从而实现物流配送中心的最佳运行状态，达到系统最优组合。

计算机与通信技术相结合产生了计算机网络，计算机网络与控制系统相结合产生了现场总线控制系统（Fieldbus Control System，FCS），以现场总线作为通信连接的纽带，可将现场控制设备连接成相互沟通信息、共同完成自控任务的功能强大的控制网络。工业企业可充分利用既有的局域网络和互联网络将控制网络与信息网络的资源整合在一起，提高企业信息化和综合自动化水平，为生产控制和企业管理决策带来一种新的模式。

现场总线控制系统采用分层式网络结构，集成了现场设备层、过程监控层和信息管理层，通过局域网或以太网将物流信息反馈给远程用户，实现从货物入库到分拣出库的全程集成控制，使物流配送中心各个系统之间可以互相沟通信息，便于企业决策者整合分析物流信息，更好地协调控制各个环节的工作状况。同时基于现场总线的信息集成系统能够对供应链进行管理，实现对配送仓库的合理调度，控制物流配送成本；对设备的实时监控便于及时发现各个环节存在的问题，保障了每个流程的工作质量，大大降低了配送环节的出错率；过程监控实现了从货物采购到分拣出库一系列流程的全程跟踪，缩小了各个环节在时间、空间上的跨度，达到了配送中心的最佳运行状态。

第6章

物流仓储装备产业发展环境分析

6.1 政策环境

近年来国家对于物流装备产业的发展十分关心，关于物流仓储装备产业的新政策不断推出；各省市自治区也积极颁布地方性的政策与文件，加快物流产业规划，加大相关产业的投入。无论是中央还是地方颁布的政策和文件都极大地推动了物流仓储装备产业的发展。

6.1.1 国家政策

近几年颁布的部分国家政策见表 6-1。

表 6-1 近几年颁布的部分国家政策

序号	文件名/颁布时间	文件要点	颁布部门
1	《物流业发展中长期规划(2014—2020年)》/2014年9月	提出到2020年基本建立现代物流服务体系,重点一是着力降低物流成本,二是推动物流企业规模化,三是改善物流基础设施	国务院
2	《“互联网+”高效物流实施意见》/2016年7月	推进“互联网+”高效物流与大众创业万众创新紧密结合,创新物流资源配置方式,大力发展商业新模式,经营新业态	国家发改委
3	《关于确定智慧物流配送示范单位的通知》/2016年7月	开展智慧物流配送体系建设示范工作	商务部
4	《综合运输服务“十三五”发展规划》/2016年7月	提出适应智能制造的需要,推进智慧物流服务,统筹规划制造业集聚区配套物流服务体系,引导物流企业完善智能货运与物流系统	交通运输部

（续）

序号	文件名/颁布时间	文件要点	颁布部门
5	《关于推进改革试点加快无车承运物流创新发展的意见》/2016 年 9 月	鼓励无车承运人依托移动互联网等技术搭建物流信息平台，通过管理和组织模式创新，集约整合和科学调度车辆、场站、货源等零散物流资源	交通运输部
6	《商贸物流发展“十三五”规划》/2017 年 2 月	实施“互联网+”高效物流行动，推广应用物联网、云计算、大数据、人工智能、机器人、无线射频识别等先进技术，探索发展智慧物流生态体系	商务部等五部门
7	《快递业“十三五”发展规划》/2017 年 2 月	提出加强移动互联网、物联网、大数据、云计算、虚拟现实、人工智能等现代信息技术在企业管理、市场服务和行业监管中的应用	国家邮政局
8	《新一代人工智能发展规划》/2017 年 7 月	加快推进智能物流，加强智能化装卸搬运、分拣包装、加工配送等智能物流装备研发和推广应用，建设深度感知和智能仓储系统等	国务院
9	《关于进一步推进物流降本增效促进实体经济发展的意见》/2017 年 8 月	拓展物流企业融资渠道，加快推进物流仓储信息化、标准化和智能化，大力推进物联网、RFID 等信息技术在铁路物流服务中的应用	国务院
10	《关于加快发展冷链物流保障食品安全促进消费升级的实施意见》/2017 年 8 月	到 2020 年，初步形成全程温控、标准规范、运行高效、安全绿色的冷链物流服务体系，基本解决“断链”问题	国务院
11	《关于积极推进供应链创新与应用的指导意见》/2017 年 10 月	部署供应链创新与应用有关的工作，推动我国供应链发展水平全面提升	国务院
12	《关于协同推进快递绿色包装工作的指导意见》/2017 年 11 月	到 2020 年，可降解的绿色包装材料应用比例将提高到 50%，基本淘汰重金属等特殊物质超标的包装物料，基本建成专门的快递包装物回收体系	国家邮政局等十部门
13	《城乡高效配送专项行动计划（2017—2020 年）》/2017 年 12 月	到 2020 年，确定全国城乡高效配送示范城市 50 个左右、骨干企业 100 家左右。配送成本明显下降，商贸企业物流费用率降低到 7%	商务部等五部门

6.1.2 部分省市物流产业发展“十三五”规划要点汇总

部分省市物流产业发展“十三五”规划要点汇总见表 6-2。

表 6-2 部分省市物流产业发展“十三五”规划要点汇总

地区	规划目标	来源出处
北京市	到 2020 年，北京市共同配送比例显著提高，规模以上连锁超市主要商品统一配送率保持在 95%以上，城区物流末端配送网点覆盖率达到 95%以上，郊区统一配送的连锁便利店行政村覆盖率达到 70%以上	《北京市“十三五”时期物流业发展规划》
上海市	到 2020 年，上海市全面构建高效链接全球、服务辐射全国、线上线下联动的开放式、一体化物流业发展新格局，成为具有全球影响力的国际物流枢纽城市和供应链资源配置中心	《上海市现代物流业发展“十三五”规划》
天津市	到 2020 年，天津市物流资源配置能力显著增强，对接国际、连接腹地、服务全国的物流网络基本建成，便捷、高效、安全、绿色的现代物流服务体系初步形成，物流企业的竞争力和创新能力大幅提高，物流现代化水平明显提升，物流市场环境进一步优化	《天津市现代物流业发展“十三五”规划》
安徽省	到 2020 年，力争安徽省物流业增加值比 2015 年翻一番，超过 2500 亿元。基本建成布局合理、技术先进、绿色环保、安全有序的现代物流产业体系，将安徽省打造成“一带一路”和长江经济带的重要物流枢纽	《安徽省“十三五”物流业发展规划》
甘肃省	到 2020 年，形成以兰白都市圈为核心，重点城市物流园区为支撑的物流基础设施网络，依托物流节点开展网络化运营的物流企业初具规模，高效、快捷的物流服务体系基本形成，建成功能完善的物流公共信息平台，甘肃省物流资源和物流效率显著提高、物流成本明显降低	《甘肃省“十三五”物流业发展规划》
广东省	到 2020 年，广东省社会物流总额年均增长约 9.5%，物流业增加值年均增长约 9.5%，物流业增加值占 GDP 比重达到 8%左右，基本建立与“互联网+”高效物流发展相适应的行业管理政策体系	《广东省现代物流业发展规划(2016—2020 年)》
河北省	到 2020 年，商贸物流业将成为河北省重要支柱产业，将形成 5 个国家级物流枢纽、6 个区域性物流节点、20 个年交易额超百亿元的物流园区和 20 个年交易额超 10 亿元的大型商贸中心，建成 10 个有全国影响力的大宗商品交易平台、100 个县域特色产业交易平台和 1000 个单品交易平台	《河北省建设全国现代商贸物流重要基地规划(2016—2020 年)》
河南省	到 2020 年，现代国际物流中心地位基本确立，覆盖河南省的物流空间网络体系基本形成，产业规模效益大幅提高，企业实力明显增强，冷链物流、快递物流、电商物流竞争优势显著提升，培育形成具有全国乃至国际影响力的支柱性、地标性产业	《河南省物流业转型发展规划(2018—2020 年)》

（续）

地区	规划目标	来源出处
湖北省	到2020年，基本建立布局合理、便捷高效、技术先进、绿色环保、安全有序的湖北省现代物流服务体系。初步建成武汉长江中游航运中心，基本建成辐射中部地区乃至全国的战略物资集散中心、全国内陆地区主要的多式联运中心、商贸流通和中转分拨中心、中部地区物流信息中心等全国重要的现代物流基地	《湖北省现代物流业发展“十三五”规划》
湖南省	到2020年，湖南省基本建立布局合理、技术先进、便捷高效、绿色环保、安全有序的现代物流服务体系，建成长江经济带物流中心，物流业对经济社会发展的服务能力显著提升	《湖南省“十三五”物流业发展规划》
江苏省	到2020年，基本建成布局科学、技术先进、智慧高效、绿色环保、安全有序的物流服务体系，努力把江苏打造成现代物流强省、物流业创新发展的先导区和示范区	《江苏省“十三五”物流业发展规划》
江西省	到2020年，基本建立布局合理、技术先进、绿色高效的现代物流服务体系，将江西省打造成为“一带一路”和长江经济带的重要区域性物流中心	《江西省“十三五”现代物流业发展规划》
山东省	到2020年，山东省将基本建立布局合理、信息畅通、技术先进、便捷高效、绿色环保、安全有序、管理规范的现代物流服务体系；到2020年物流业增加值占地区生产总值的6.2%，物流业对山东省经济的支撑和保障作用进一步增强	《山东省物流业转型升级实施方案（2015—2020年）》
山西省	到2020年，山西省物流综合网络体系构建完成，基础物流节点和通道与物流信息中枢、指挥中枢融合为一张网络，并成为聚集物流资源、对接国家物流网络的重要基础	《山西省人民政府办公厅关于现代物流发展的实施意见》
陕西省	到2020年，将物流业打造成陕西省服务业支柱产业，将陕西打造成为“一带一路”国际商贸物流中心，到2020年，将全社会物流总费用占GDP比率降至14%左右，比现在再降低约2个百分点	《陕西省物流业发展中长期规划（2015—2020年）》
四川省	到2020年，基本建立货畅其流、经济便捷、服务高效、安全可靠、绿色环保的现代物流服务体系，将四川省建设成为西部物流中心和连接丝绸之路经济带、长江经济带的物流枢纽	《四川省物流业发展中长期规划（2015—2020年）》
云南省	到2020年，云南省社会物流总额达63000亿元左右，年均增长10.4%左右；物流产业增加值达2000亿元左右，年均增长13%左右；物流产业增加值占GDP比重达到9.5%左右，物流产业增加值占服务业增加值比重达到19%左右；社会物流总费用占GDP比率降至18%以内	《云南省现代物流产业发展“十三五”规划实施方案（2016—2020年）》
浙江省	到2020年，浙江省力争在物流降成本、补短板上取得突破性成效，物流园区和基础设施网络体系更加健全，物流产业协同共享体系更加完善，智慧物流生态体系基本形成，建成高水平服务于全面小康社会的现代物流服务体系	《浙江省物流业发展“十三五”规划》

6.2 标准体系

专业标准建设是物流仓储装备产业发展的重要技术基础。目前国家设有全国物流标准化技术委员会、全国物流仓储设备标准化技术委员会和全国物流信息管理标准化技术委员会等专业标准组织，为我国的物流仓储装备产业发展起到了积极的推进作用。

6.2.1 标准体系的构建思路和原则

近年来，全球化市场竞争激烈，从产品竞争、品牌竞争，发展到标准竞争，是一种深层次、高水平的竞争形式。为了推动专业技术标准传承，物流装备行业的技术发展将结合本专业领域的特点，加强行业标准体系建设，着力提升技术进步和创新能力。

标准体系参考 GB/T 4754《国民经济行业分类》中的小行业、子行业分类，按照工信部关于编制标准体系建设方案提出的“深化改革、创新驱动，需求牵引、统筹布局，融合发展、开放共享”的原则，在以往标准体系建设方案的基础上，构建和完善“融合开放、协调配套，科学先进、结构合理”的本专业领域技术标准体系。从整体上提供全面、系统、规范的技术支持和管理方法，以提高产品质量安全、工作体系和服务水平，全面打造完善物流装备的综合标准体系，并发挥标准化的基础性和引导性作用，指导当前和未来一段时间内物流仓储装备的标准化工作。

6.2.2 标准体系的框架结构

近年来，标准化技术委员会分析生产现状和发展需求，结合现有技术相关国标、行标的现状，明确标准体系覆盖的范围，构建了图 6-1 所示标准体系框架，并对标准分布进行了分析，以此作为指导标准工作的依据。

构建标准体系时，参考了 GB/T 13016—2018《标准体系构建原则和要求》的定义，结合本专业领域特点，将本行业标准体系按照层次结构进行了划分，共分为三级。第一层级为顶层“物流仓储设备”；第二层级根据产品和系统大类划分了 01～08 共八个大类；第三层为产品级，即为从属于上一层次的不同小类产品组成，每种产品中可以包括与该产品有关的设计、制造等产品标准，也可以包括安全、设计通则等基础标准或试验方法标准。

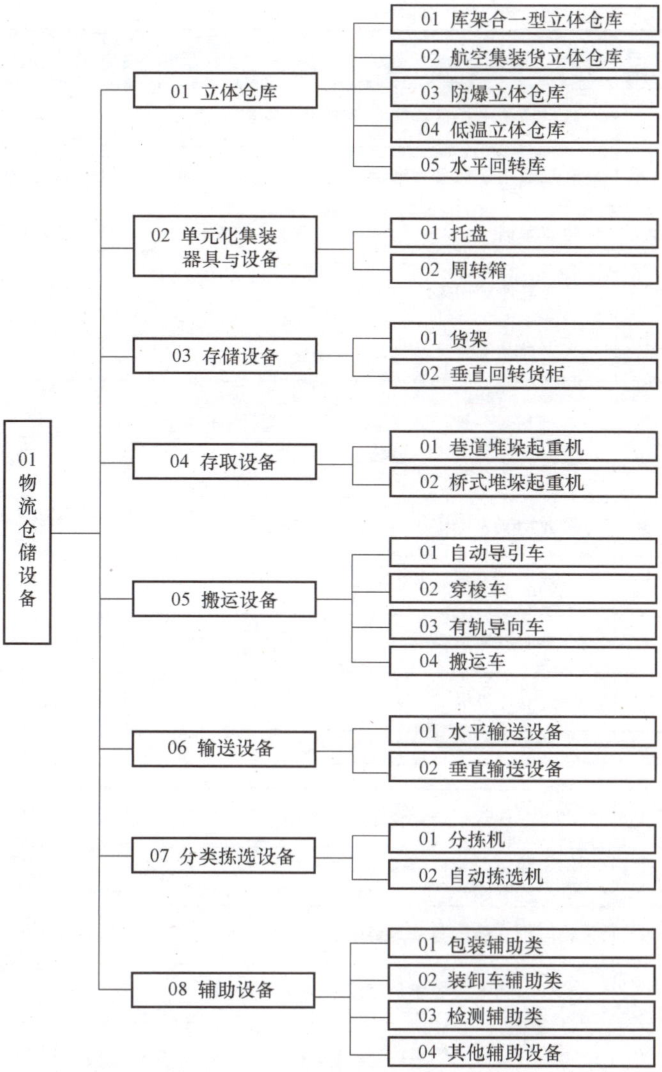

图 6-1 标准体系的框架

6.2.3 现有国家及行业标准

物流仓储装备产业共有现行国家标准 69 项，行业标准 39 项，总目录见表 6-3。

表 6-3 现有相关国家及行业标准目录

序号	标准编号	标准名称	发布时间	实施时间
国家标准				
1	GB/T 2934—2007	联运通用平托盘 主要尺寸及公差	2007/10/11	2008/3/1

（续）

序号	标准编号	标准名称	发布时间	实施时间
2	GB/T 4995—2014	联运通用平托盘　性能要求和试验选择	2014/9/3	2014/12/1
3	GB/T 4996—2014	联运通用平托盘　试验方法	2014/10/10	2015/6/1
4	GB/T 18354—2006	物流术语	2006/12/4	2007/5/1
5	GB/T 18768—2002	数码仓库应用系统规范	2002/7/2	2002/9/1
6	GB/T 18769—2003	大宗商品电子交易规范	2003/7/8	2003/7/8
7	GB/T 18832—2002	箱式、立柱式托盘	2002/9/11	2003/3/1
8	GB/T 19680—2013	物流企业分类与评估指标	2013/12/31	2014/7/1
9	GB/T 20523—2006	企业物流成本构成与计算	2006/9/28	2007/5/1
10	GB/T 21070—2007	仓储从业人员职业资质	2007/9/15	2008/3/1
11	GB/T 21071—2007	仓储服务质量要求	2007/9/15	2008/3/1
12	GB/T 21072—2007	通用仓库等级	2007/9/15	2008/3/1
13	GB/T 21334—2017	物流园区分类与规划基本要求	2017/9/29	2018/4/1
14	GB/T 22125—2008	汽车配件营销企业经营管理规范	2008/7/1	2008/12/1
15	GB/T 22126—2008	物流中心作业通用规范	2008/7/1	2008/12/1
16	GB/T 24358—2009	物流中心分类与基本要求	2009/9/30	2009/12/1
17	GB/T 24359—2009	第三方物流服务质量要求	2009/9/30	2009/12/1
18	GB/T 24360—2009	多式联运服务质量要求	2009/9/30	2009/12/1
19	GB/T 24361—2009	社会物流统计指标体系	2009/9/30	2009/12/1
20	GB/T 24616—2009	冷藏食品物流包装、标志、运输和储存	2009/11/15	2010/3/1
21	GB/T 27915—2011	组合式塑料托盘	2011/12/30	2012/2/1
22	GB/T 27924—2011	工业货架规格尺寸与额定荷载	2011/12/30	2012/5/1
23	GB/T 28576—2012	工业货架设计计算	2012/6/29	2012/10/1
24	GB/T 28577—2012	冷链物流分类与基本要求	2012/6/29	2012/10/1
25	GB/T 28578—2012	出版物物流　接口作业规范	2012/6/29	2012/10/1
26	GB/T 28579—2012	出版物物流　退货作业规范	2012/6/29	2012/10/1
27	GB/T 28580—2012	口岸物流服务质量规范	2012/6/29	2012/10/1

（续）

序号	标准编号	标准名称	发布时间	实施时间
28	GB/T 28581—2012	通用仓库及库区规划设计参数	2012/6/29	2012/10/1
29	GB/T 28842—2012	药品冷链物流运作规范	2012/11/5	2012/12/1
30	GB/T 28843—2012	食品冷链物流追溯管理要求	2012/11/5	2012/12/1
31*	GB/T 30029—2013	自动导引车(AGV)　设计通则	2013/11/27	2014/3/1
32*	GB/T 30030—2013	自动导引车(AGV)　术语	2013/11/27	2014/3/1
33	GB/T 30331—2013	仓储绩效指标体系	2013/12/31	2014/7/1
34	GB/T 30332—2013	仓单要素与格式规范	2013/12/31	2014/7/1
35	GB/T 30333—2013	物流服务合同准则	2013/12/31	2014/7/1
36	GB/T 30334—2013	物流园区服务规范及评估指标	2013/12/31	2014/7/1
37	GB/T 30335—2013	药品物流服务规范	2013/12/31	2014/7/1
38	GB/T 30336—2013	物流景气指数统计指标体系	2013/12/31	2014/7/1
39	GB/T 30337—2013	物流园区统计指标体系	2013/12/31	2014/7/1
40	GB/T 30672—2014	模压平托盘　植物纤维类	2014/12/31	2015/7/1
41*	GB/T 30673—2014	自动化立体仓库的安装与维护规范	2014/12/31	2015/7/1
42	GB/T 30674—2014	企业应急物流能力评估规范	2014/12/31	2015/7/1
43*	GB/T 30675—2014	阁楼式货架	2014/12/31	2015/7/1
44	GB/T 30676—2014	应急物资投送包装及标识	2014/12/31	2015/7/1
45	GB/T 31078—2014	低温仓储作业规范	2014/12/22	2015/7/1
46	GB/T 31080—2014	水产品冷链物流服务规范	2014/12/22	2015/7/1
47	GB/T 31081—2014	塑料箱式托盘	2014/12/22	2015/7/1
48	GB/T 31086—2014	物流企业冷链服务要求与能力评估指标	2014/12/22	2015/7/1
49	GB/T 31148—2014	联运通用平托盘　木质平托盘	2014/9/3	2014/12/1
50	GB/T 31149—2014	汽车物流服务评价指标	2014/9/3	2014/12/1
51	GB/T 31150—2014	汽车零部件物流　塑料周转箱尺寸系列及技术要求	2014/9/3	2014/12/1
52	GB/T 31151—2014	汽车整车物流质损风险监控要求	2014/9/3	2014/12/1
53	GB/T 31152—2014	汽车物流术语	2014/9/3	2014/12/1

（续）

序号	标准编号	标准名称	发布时间	实施时间
54	GB/T 33446—2016	家电物流服务通用要求	2016/12/30	2017/7/1
55	GB/T 33449—2016	物流单证基本要求	2016/12/30	2017/7/1
56*	GB/T 33454—2016	仓储货架使用规范	2016/12/30	2017/7/1
57	GB/T 33458—2016	公路物流主要单证要素要求	2016/12/30	2017/7/1
58	GB/T 34393—2017	汽车整车出口物流标识规范	2017/10/14	2018/5/1
59	GB/T 34394—2017	平托盘最大工作载荷	2017/10/14	2018/5/1
60	GB/T 34396—2017	托盘共用系统木质平托盘维修规范	2017/10/14	2018/5/1
61	GB/T 34397—2017	托盘共用系统管理规范	2017/10/14	2018/5/1
62	GB/T 34399—2017	医药产品冷链物流温控设施设备验证　性能确认技术规范	2017/10/14	2018/5/1
63	GB/T 34403—2017	非危液态化工产品物流突发事件处理	2017/10/14	2018/5/1
64	GB/T 34404—2017	非危液态化工产品逆向物流通用服务规范	2017/10/14	2018/5/1
65*	GB/T 35485—2017	导轮式分拣机技术规范	2017/12/29	2018/7/1
66*	GB/T 35486—2017	物流仓储配送中心螺旋箱式输送机技术规范	2017/12/29	2018/7/1
67*	GB/T 35738—2017	物流仓储配送中心输送、分拣及辅助设备　分类和术语	2017/12/29	2018/7/1
68*	GB/T 35739—2017	物流仓储配送中心成件物品连续垂直输送机	2017/12/29	2018/7/1
69	GB/T 35781—2017	托盘共用系统塑料平托盘	2017/12/29	2018/7/1
		物流行业标准		
1	WB/T 1021—2004	乘用车运输服务规范	2004/12/14	2005/6/1
2*	WB/T 1026—2006	仓储拣选设备管理要求	2006/11/3	2007/4/1
3	WB/T 1027—2006	仓储劳动安全管理要求	2006/11/3	2007/4/1
4	WB/T 1028—2006	库区、库房防火防爆管理要求	2006/11/3	2007/4/1
5	WB/T 1029—2006	装载单元和运输包装的条码符号	2006/12/31	2007/7/1
6	WB/T 1040—2012	物流企业客户满意度评估规范	2012/3/24	2012/7/1

（续）

序号	标准编号	标准名称	发布时间	实施时间
7*	WB/T 1041—2012	自动分拣设备管理要求	2012/3/24	2012/7/1
8*	WB/T 1042—2012	货架术语	2012/3/24	2012/7/1
9*	WB/T 1043—2012	货架分类及代码	2012/3/24	2012/7/1
10*	WB/T 1044—2012	托盘式货架	2012/3/24	2012/7/1
11*	WB/T 1045—2012	驶入式货架	2012/3/24	2012/7/1
12	WB/T 1046—2012	易腐食品机动车辆冷藏运输要求	2012/3/24	2012/7/1
13	WB/T 1054—2015	餐饮冷链物流服务规范	2015/10/21	2016/2/1
14	WB/T 1055—2015	物流从业人员职业能力要求　第1部分：仓储、配送作业与作业管理	2015/10/21	2016/2/1
15	WB/T 1056—2015	物流从业人员职业能力要求　第2部分：运输、运输作业与作业管理	2015/10/21	2016/2/1
16	WB/T 1057—2015	商用车背车装载技术要求	2015/10/21	2016/2/1
17	WB/T 1058—2015	汽车零部件物流器具分类及编码	2015/10/21	2016/2/1
18	WB/T 1059—2016	肉与肉制品冷链物流作业规范	2016/10/24	2017/1/1
19	WB/T 1060—2016	道路运输　食品冷藏车功能选用技术规范	2016/10/24	2017/1/1
20	WB/T 1061—2016	废蓄电池回收管理规范	2016/10/24	2017/1/1
21	WB/T 1062—2016	药品阴凉箱技术要求和试验方法	2016/10/24	2017/1/1
22	WB/T 1064—2016	石油化工产品物流服务规范	2016/10/24	2017/1/1
23*	WB/T 1065—2017	垂直回转库	2017/11/8	2017/12/1
24*	WB/T 1066—2017	货架安装及验收技术条件	2017/11/8	2017/12/1
25	WB/T 1067—2017	乘用车水路运输服务规范	2017/11/8	2017/12/1
26	WB/T 1068—2017	乘用车物流质损判定及处理规范	2017/11/8	2017/12/1
27	WB/T 1069—2017	乘用车运输服务通用规范	2017/11/8	2017/12/1
28*	JB/T 5319.1—2008	巷道堆垛起重机　术语	2008/2/1	2008/7/1
29*	JB/T 5320—2000	剪叉式升降台　安全规程	2000/04/24	2000/10/1
30*	JB/T 5323—2017	立体仓库焊接式钢结构货架　技术条件	2017/1/9	2017/7/1

（续）

序号	标准编号	标准名称	发布时间	实施时间
31*	JB/T 6130-1992	工业称重式充填机　型式和基本参数	1992/06/09	1993/1/1
32*	JB/T 6133-1992	码包机　型式和基本参数	1992/06/09	1993/1/1
33*	JB/T 7016—2017	巷道堆垛起重机	2017/1/9	2017/7/1
34*	JB/T 9018—2011	自动化立体仓库　设计规范	2011/12/20	2012/4/1
35*	JB/T 9229—2013	剪叉式升降工作平台	2014/12/31	2014/7/1
36*	JB/T 10822—2008	自动化立体仓库　设计通则	2008/2/1	2008/7/1
37*	JB/T 10823—2008	自动化立体仓库　术语	2008/2/1	2008/7/1
38*	JB/T 11269—2011	巷道堆垛起重机　安全规范	2011/12/20	2012/4/1
39*	JB/T 11270—2011	立体仓库组合式钢结构货架　技术条件	2011/12/20	2012/4/1

注：＊为仓储设备专用标准。

6.2.4　标准体系的现状

1. 现有标准情况

截止到 2017 年 12 月 31 日，物流仓储装备行业专用标准（表 6-3 中带＊部分）中，有国家标准 9 项，机械行业标准 12 项。多为通用基础类、产品类和管理类标准。

2. 标准国际化的情况

物流仓储装备在我国是一个新兴行业，发展历史仅仅几十年，而全球最先进的物流系统技术与装备集中在欧洲和美日等国，其中欧洲企业主导全球市场。

在收集到的国际标准化组织和国外工业发达国家物流仓储方面的标准（均指标准目录中的标准代号及名称数目，并非标准文本，下同）中，其中包括国际标准（ISO）、欧洲标准（EN）、英、法、德、日、俄、美、澳国家（工业）标准以及欧洲物料搬运协会（FEM）和德国工程师协会（VDI）标准。发现国际标准化组织尚未设置类似于或包含“物流仓储设备”系统的标准化技术委员会（TC）。

在国际标准化组织中，没有独立的 TC 与物流仓储装备相吻合。在 381 个 TC 组织中，只能在相关的 TC 中寻找，如 ISO/TC 51：物料搬运的单位装载方法的托盘；ISO/TC 313：包装机械；ISO/TC 101：连续机械搬运设备和 ISO/TC 299：机器人。在 ISO 目录中，通过国际标准分类号 ICS 查找，其中 ICS53 是物料搬运设备，但其中仅有商店货架、农产品存储装置或手动搬运设备等，标准年代很老，并且没有自动化仓库的相关技术。

其他国外先进标准方面，在欧盟标准（EN）、德国标准化学会（DIN）、俄罗斯联邦标准化规范文件（ГОСТ）、美国国家标准学会（ANSI）、日本国家标准（JIS）以及其他标准中，虽然有诸如“仓储机械”“仓库系统”等提法，但均未有物流仓储设备的标准分类，所查找到的物流仓储设备标准也分别是从起重机、输送机、工业车辆等类别中找到的。欧盟标准中，有详细的货架标准，对使用规范、结构设计原则公差、变形和间隙等作出规定。而在内部物流中，则是对系统的可靠性、可用性、设备-接口、周期时间、能耗-测定方法等方面，做出规定。

德国工程师协会和欧洲机械搬运协会标准，有关物流方面的标准较多，如FEM10系列的标准，都是针对货架的标准，FEM9系列的标准，针对输送机分拣系统的标准，并且与VDI互认。更专注于系统的安装、运作周期、接口、能耗等全面的问题，而不是局限在单机设备上。

总的说来，物流仓储设备在国外尚未形成单独的类别，未能构成标准体系。各国制定标准的重点各有侧重。JIS多在自动导引车方面，ГОСТ多在堆垛起重机方面等，欧美的标准更注重底层的设计，规范和安全保障，而我国更多关注产品。标准工作将是一项长期而基础的工作，任重而道远。

6.2.5　技术标准体系的发展目标和主要任务

1. 发展目标

如今，标准的竞争已经是各国建立创新型国家的必争之地。2018年，随着我国新《标准化法》的颁布，标准工作将以新时代中国特色社会主义思想为指导，以实施《标准化法》为契机，围绕落实“中国制造2025”的目标任务，以市场需求、服务行业为导向，瞄准国际标准，注重基础国家标准，完善推荐性标准，培育发展团体标准，放开搞活企业标准，提高标准国际化水平，全面推进标准化工作，助力物流装备行业高质量发展。

物流仓储是国家“十三五”的战略性新兴行业，行业发展活跃，新技术、新面孔层出不穷，资本集聚，是一个未来五到十年都将持续上升的新兴行业，正是物流装备的持续发展，更需要标准的引领，需要制造商、集成商、使用者、研究者从各方利益全面考虑，来分析规范行业的行为、技术需求和发展，了解国际先进水平，并同国际先进水平接轨，引领行业健康发展。

2. 主要任务

加强标准体系建设顶层设计和总体规划。根据《装备制造业标准化和质量提升规划》的要求、现代物流装备发展的新要求、技术和产业发展的新趋势，在现有技术标准体系的基础上，持续研究编制物流装备技术标准体系方案。遵循标准化发展规律，加强标准化建设，不断完善标准体系，分层级重点制定标准。

（1）注重基础国家标准　以国家标准化水平提升引领全面质量发展，助力国家治理体系和能力现代化。重点关注基础标准、安全标准、接口标准，如托盘器具的标准、编码的标准等，都是影响社会资源利用的标准，要优先发展。

（2）完善推荐性标准　以标准体系建设方案为指导，不断完善各环节标准，加快关键技术标准的制定，不断提升标准体系的科学性和适用性。对产品标准，从基础通用标准着手，重点关注统一接口。标准的接口，也有利于行业的发展，在用户改扩建的时候，不用再局限于原有的厂家，而具有更广阔的选择；对于产品商来讲，也促使产品模块化和可扩展，避免社会资源的浪费。

更加注重系统地制/修订标准工作，推动重点领域标准化突破。按照《国家智能制造标准体系建设指南》的要求，继续推进智能制造、绿色制造中物流装备体系的建设，加强重点标准和基础公益类推荐性标准的制/修订，持续提升标准的供给质量和水平。

（3）培育发展团体标准　以市场需求为动力，紧贴市场需求，集聚优秀的企业和用户一起，发挥内生动力和主动性，建立一些市场急需的团体标准，推进产品的发展。提升产业、企业和产品核心竞争力。学会、协会、产业技术联盟等社会团体应加强合作，协同标准化活动，建立制定联合团体标准机制，共享标准化成果。

（4）放开搞活企业标准　鼓励有水平、有市场、有能力、有影响的企业，建立自己的标准，优于行业标准，形成可复制、可推广的成功经验，推动其在行业内推广应用，引领相关技术发展。

（5）提高标准国际化水平　瞄准国际标准，加快国际标准转化，提高国内外标准的一致性水平。为了整个行业有质量地发展，需要持续推进标准化工作，引导企业规范经营，促进整个行业健康发展。坚持协同推进为路径，加强团体标准与行业标准、国家标准的协调配套，构建和完善标准技术体系，发挥好行业的引领作用。

6.3　国际联盟与合作交流

6.3.1　世界物料搬运联盟

2014年，由中国机械工程学会（CMES）、北京起重运输机械设计研究院（BMHRI）、欧洲物料搬运协会（FEM）、日本物流系统机器协会（JIMH）、美国物料搬运协会（MHI）共同发起的世界物料搬运联盟（World Materials Handling Alliance，WMHA）（以下简称联盟）在德国汉诺威正式宣告成立。

联盟的成员基本涵盖了全球经济发达、技术水平先进的国家和地区，联盟的成立旨在全世界物料搬运领域内开展广泛的合作。联盟内所涉及的产品类别包括连续输送设备、起重机或起重设备、升降设备、仓储设备、高空作业平台、货架和托盘、工业卡车。联盟将在上述产品范围内，在各成员之间开展市场情况（生产与对外贸易）的数据交换，最新的技术交流，以及就成员所处国家或地区对于物料搬运设备在安全、环境保护、绿色能源等领域的最新规定、要求及标准进行沟通和协商。在联盟的框架内包含了中国、欧洲、美国、日本约2300家制造企业及约500000名员工，年产值达到1470亿欧元（2016年数字），使得联盟具有国际性、权威性和广泛的代表性。

联盟的成立极大地推动了国际间在物料搬运领域内的市场、技术、标准等方面的合作，将对中国物料搬运技术的提高，中国物料搬运行业参与世界市场竞争能力的增强，以及参与国际标准的制定并推广中国标准在世界范围内执行等方面产生非常积极的作用。

联盟成立之后，形成了在各成员所在国家轮流举办年度会议的机制，已在中国上海（2015年）、日本东京（2016年）和美国芝加哥（2017年）召开了联盟的年度会议。

在2016和2017年召开的联盟年度会议上，各成员代表除了介绍各自国家和地区物料搬运行业（包括起重机、轻小型起重设备、连续搬运设备、工业车辆、货架和仓储设备）的产值及对外贸易情况之外，还针对各自国家和地区对桥门式起重机、MINI-LOAD、货架和仓储设备的现行标准，以及欧盟最新采用的排放环保标准对工业车辆和移动式起重机的影响进行了交流。

6.3.2　世界工业车辆联盟

世界工业车辆联盟会议创立于1997年，由欧洲物料搬运协会工业车辆分会（FEMIT）、美国工业车辆协会（ITA）和日本产业车辆协会（JIVA）创办。随着中国在国际工业车辆市场中的地位越来越重要，联盟于2007年邀请中国工程机械工业协会工业车辆分会（CITA）代表中国工业车辆制造商加入这一国际性组织。2008年，中国工程机械工业协会工业车辆分会成为联盟正式成员。

世界工业车辆联盟组织是一个代表世界工业车辆制造商的组织，其目的是促进讨论行业内共同关心的非竞争性的议题，如统计、标准、环境保护、可持续发展、叉车安全和各国家与工业车辆相关的法律法规等。

与每年的世界工业车辆联盟会议同期还会举办工业车辆主席论坛，欧盟、美国、日本和中国协会的主席分别就各国家和地区的经济发展情况、工业车辆市场销售情况和未来行业发展趋势等问题进行介绍。

6.3.3　中美物料搬运技术交流

长期以来，中国机械工程学会（CMES）与美国物料搬运协会（MHI）保持着良好的合作关系，并签订了双边友好合作协议。双方定期访问与交流，组织学术研讨会及各种交流活动，共同促进物流技术的进步和发展。

MHI 成立于 1945 年，其宗旨是服务于会员，促进行业发展。MHI 是美国最大的物料搬运和供应链协会，向会员及客户提供教育、咨询、问题解决方案服务。MHI 拥有近千家企业会员。

6.3.4 中日物流技术交流会

中日物流技术交流会是由原机械部副部长陆燕荪同志和日本物流装备行业元老木下先生、间野勉先生共同倡导设立的。该交流会由中国机械工程学会（委托物流工程分会）（CMES/CLEI）和日本物流系统机器协会（JIMH）具体负责组织，每年在中国和日本轮流举办，截止到 2017 年底，已连续成功举办了九届，得到了中日两国物流装备行业的一致好评，也推动了我国物流装备技术的进步。

在历届中日物流技术交流会上，中日双方代表除了介绍各自国家上一年度物流装备产业的发展情况及发展趋势之外，每一届还会根据不同的会议主题，安排中日双方的专家代表做专题报告。

中日物流技术交流会为中日双方物流装备的同行搭建了一个可以相互借鉴和学习的平台，为我国物流装备系统的建设提供了许多很好的参考，进一步推动了我国物流装备技术的进步，也将极大地促进中国物流装备行业更加蓬勃地发展。

在 2016 年和 2017 年举办的中日物流技术交流会上，中日双方专家分别就“物流系统故障诊断和安全防护”以及“物流装备的维护保养与物流中心对消防安全的新要求”为主题进行了深入交流。

6.4 科技期刊

国内外部分科技期刊目录见表 6-4。

表 6-4　国内外部分科技期刊目录

期刊名称	主办单位（国内期刊）/出版国家（国外期刊）	评价信息
西南交通大学学报	西南交通大学	(2017 版)影响因子:1.615
同济大学学报(自然科学版)	同济大学	(2017 版)影响因子:1.063

（续）

期刊名称	主办单位(国内期刊)/出版国家(国外期刊)	评价信息
大连理工大学学报	大连理工大学	(2017 版)影响因子:0.874
武汉理工大学学报	武汉理工大学	(2017 版)影响因子:0.650
太原科技大学学报	太原科技大学	(2017 版)影响因子:0.510
物流技术	中国物流生产力促进中心、中国物资流通学会物流技术经济委员会、全国物资流通科技情报站、湖北物资流通技术研究所	(2017 版)影响因子:0.428
物流科技	中国商业股份制企业经济联合会	(2017 版)影响因子:0.407
物流工程与管理	中国仓储协会、全国商品养护科技情报中心站	(2017 版)影响因子:0.334
物流技术与应用	北京科技大学	(2017 版)影响因子:0.302
起重运输机械	北京起重运输机械研究院	(2017 版)影响因子:0.217
中国物流与采购	中国物流与采购联合会	(2017 版)影响因子:0.874
铁路采购与物流	中国铁路物资总公司	(2017 版)影响因子:0.146
现代制造	机械工业信息研究院	—
中国重机通信	中国重型机械工业协会	—
机械工程导报	中国机械工程学会	—
Transport Science	美国	2017—2018 影响因子:3.338
Transportation Research Part E: Logictics and Transportation Review	英国	2017—2018 影响因子:3.289
Journal of Business Logistics	美国	2017—2018 影响因子:2.878
Transportation Research Part A: Policy and Practice	英国	2017—2018 影响因子:3.026
Naval Research Logistics	美国	2017—2018 影响因子:0.989
Journal of Transportation Engineering	美国	2017—2018 影响因子:0.983
Material Flow	日本	—

6.5 科技会展

6.5.1 亚洲国际物流技术与运输系统展览会

中国物流业的高速发展，特别是近 4~5 年尤其在电商经济驱动引领下的发展在世界物流业史上属于异军突起，成绩喜人。在整体世界经济放缓的大环境下亦是一枝独秀。我国经济发展步入新常态，科技进步以及商业模式持续升级，正因为此，整体经济现状出现了新形势，而整个物流装备行业也跟随着站在了新阶段与新路口，时代变革带来了新的机遇。

人力成本升高促使自动化水平提升，随着“智能制造”政策在各级政府的落地，各行业制造企业急需升级改造，电子商务飞速发展带来需求增长，如何应对“双 11”及不断涌现的电商节日带来的短期峰值需求等，使得密集存储、冷链物流、跨境物流、供应链管理、低成本自动化、新零售新物流、智慧物流、物流赋能、融合共生成为先进物流发展的主议题。

亚洲国际物流技术与运输系统展览会（CeMAT ASIA）是亚洲物料搬运和物流技术行业最具规模、最富影响力、展品最齐全、最具技术价值的国际展会，自 2000 年首次举办以来已成功举办 18 届。CeMAT ASIA 展会不仅背靠德国汉诺威展览集团的全球品牌资源，还积极配合国家“中国制造 2025”的发展方略，融合世界物流先进技术，立足推动中国物流创新发展，致力于打造一个多角度展示企业、深层次实现交流、全方位促成合作的平台。CeMAT ASIA 2018 将继续以“智慧物流”为主题，展品范围涵盖系统集成与解决方案、物流机器人、AGV、叉车及配件、输送分拣设备、起重设备、机器视觉、包装设备等板块，近 700 家来自全球物流装备业顶尖企业报名参展。近年来 CeMAT ASIA 更是吸引了诸如京东、阿里、苏宁、顺丰等跨界巨头的特别关注与浓厚兴趣，2018 年的展会预计将吸引来自 20 个国家和地区超过 10 万名专业观众前来参观，超 8 成观众涉及相关采购事宜。CeMAT ASIA 系列活动也已经初步形成品牌化，创新沙龙、下午茶、智享荟、VIP 之夜等活动为身处行业内不同角色、不同诉求的客户与买家量身打造，已服务于数千名核心展商、买家、媒体及合作伙伴，建立了良好的口碑。CeMAT ASIA 将继续秉持初衷，不断推陈出新，尽最大努力为行业的发展与共赢添砖加瓦。2019 年，CeMAT ASIA 将迎来它的 20 周年庆，其与广州巴斯特成立的合资公司已全面涉足华南市场，并全力打造了已有 9 年历史的华南物流展 LET。

CeMAT ASIA 作为亚洲地区物料搬运和技术行业最具规模的国际展会之一，自 2000 年起扎根中国，服务市场的同时也是中国物流技术装备行业高速发展的缩影和见证者。2017 年 CeMAT ASIA 现场如图 6-2 所示，展会参观人数和参展企业数年对比如图 6-3 和图 6-4 所示。

图 6-2　2017 年 CeMAT ASIA 现场

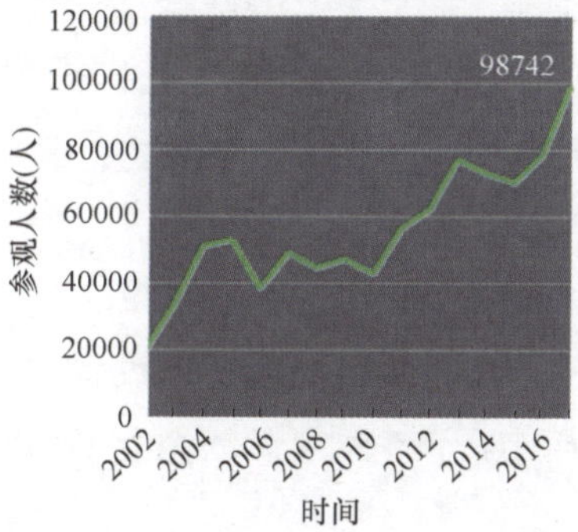

图 6-3　展会参观人数年对比

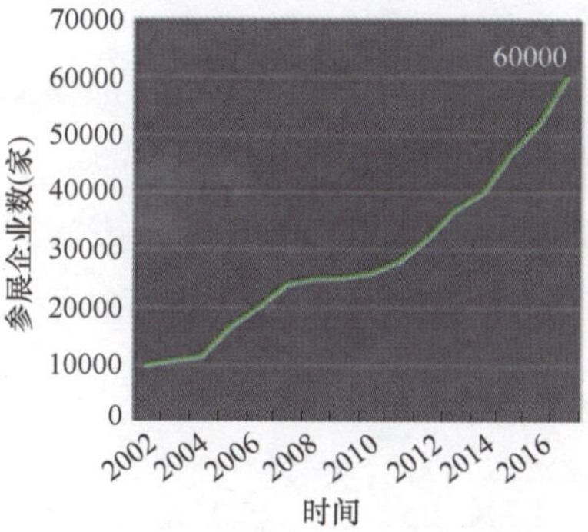

图 6-4　展会参展企业数年对比

6.5.2　美国物流展

依托美国物料搬运协会（MHI）深耕行业的号召力及影响力，每两年一届的美国物流展

（隔年在美国亚特兰大市举办）主要覆盖北美地区的物流制造、分销和供应链设备和系统。现场除了有众多精彩的物流集成、机器人与自动化、云存储与应用、3D 打印、无人驾驶、物联网、供应链应用（供应链管理是北美物流的战略特点）的展示，更有参与体验度非常高的现场论坛及主题演讲活动，如美洲物流行业报告发布、物流供应链早餐会等。

6.5.3　德国汉诺威工业博览会

以德国为首的老牌工业制造大国，在物流“工业制造”方面也是走在世界的前列。在具有 70 余年历史的德国汉诺威工业博览会（Hannover Messe）这一工业领域最为重要的展示平台上，“工业 4.0”首次提出并得以发扬光大，并成为“工业 4.0”转型的决定性主场。2017 汉诺威工业博览会以“产业集成——连接与协作”为主题，联合汉诺威国际物流展共同吸引了来自 75 个国家和地区的 5800 家企业参展，约 210000 名观众参观。展会核心聚焦人、机器和信息技术如何进一步融合协作，即“工业 4.0”所描绘的未来工厂的发展方向。

物流数字化转型成为新的全球热点。连接与协作、产业集成、人工智能、数字化工厂与物流的紧密融合都是新的亮点与看点。

德国工业巨头西门子以 3500m^2 的豪华展台成为 2017 汉诺威工业博览会参展面积最大的企业，其集合了航空航天、汽车、食品饮料、电子和设备制造，以及化工、石油天然气等多个行业。通过诸多实例，西门子展示了不同规模的企业如何利用数字化企业解决方案，来确保获得真正的竞争优势。

6.5.4　德国斯图加特国际物流展

已成功举办十五届的德国斯图加特国际物流展（LogiMAT）2018 的主题是“数字化-连接-创新”，反映了当前内部物流和供应链管理方面的现状。

在三天的展会时间内，以此为主题每天有 40 多位专家开展讲座，有 30 多场不同的 90 分钟讲座，来自商界、学术界和专业媒体的 100 多位精选专家进行了交流。这些讲座涵盖了公众对当前欧洲物流装备市场的信息需求，特别关注了数字化转型及“工业 4.0”“物流 4.0”和物联网的未来项目。

同时，LogiMAT 上也集结了最新的移动机器人系统、智能 AGV、数据采集系统等，用现场展示说明物流是“工业 4.0”的核心，未来工业革命的根本就是物流的革命。

6.5.5　日本东京国际物流综合展

近几年来，亚洲各国呈现出与外国企业开展业务合作以及开拓邻国市场的显著势头，亚洲地区正在形成统一的市场。之前主攻国内市场的日本诸多物流企业也正踌躇满志地向亚洲市场进军。

东京国际物流综合展（Logis-Tech Tokyo）每两年举办一届，是亚洲地区规模最大的物流专业展览会之一，也是日本唯一的物流展览会。2018 年展会面积达到 59000m^2。据展会官方统计：参展商有 479 家（共 2435 个展位），其中海外展商 29 家（共 37 个展位），分别来自 6 个国家：中国、韩国、澳大利亚、希腊、美国、德国。本次展会期间，从叉车到仓储系统、托盘、输送机、台车、集装箱、第三方物流合理化管理与软件系统等众多的最新产品和服务汇聚一堂。作为全球最大的物流设备消费市场之一，预计到 2020 年，日本物流设备市场消费总额接近 5000 亿日元。《物流技术与应用》杂志的众多合作伙伴都在本次展会期间发布了新产品、新技术应用，其产品及技术侧重在物流智能化、轻量化、密集存储、新型材料设备、人工智能技术植入设备等方面。

6.6 物流仓储装备产业人才培养

我国的物流教育与物流人才培养在半个世纪的发展与变革中走过了一条曲折的道路，取得了一些成绩，但随着我国经济的发展和市场化进程的加快，传统经济中的产品、服务、企业运作与管理，以及从生产到消费的各个环节都发生了深刻的变革，现代物流已远远不是传统意义上的物资流通或物资管理，它已经成为一种先进的组织方式和管理技术，现代物流业已发展成为一个新的行业，全国物流专业人才的缺口巨大，从某种程度上说这几乎成为制约中国物流行业发展的瓶颈。

目前，我国物流人才的培养基本上是通过学历教育、培训认证和岗位学习三个途径进行的，而其中的学历教育被普遍认为是更能从根本上提高物流从业者的素质、培养高级物流人才的最佳途径。我国物流人才的学历教育从无到有，经历了一个快速发展的阶段。截止到 2015 年，我国经教育部备案或批准的设置物流专业的本科院校有 527 所，开设物流管理的 419 所，开设物流工程的 108 所，同时开设物流管理和物流工程两个专业的院校 10 余所。物流仓储装备产业是物流产业的一个重要组成部分，开设物流仓储专业的部分大专院校见表 6-5，相信在今后，随着教育方面资源投入的不断加大，我国物流专业的教育水平会不断提高，最终使得物流专业尤其是物流仓储专业的人才缺口得到弥补。

表 6-5 开设物流仓储专业的部分大专院校（按学校名称的汉语拼音首字母排序）

学校名称	专业概述
北京交通大学	北京交通大学物流管理与工程学科主要培养创新型物流管理人才。所培养的学生很多已经成为物流学科领军学者、物流行业知名专家、物流企业高层管理者

（续）

学校名称	专业概述
北京科技大学	北京科技大学物流专业设置于机械工程学院，1985年，在原机械系“起重机研究室”的基础上组建了“物流工程教研室”，2004年成立了“物流工程系”，现承担物流工程和工业工程两个本科、两个研究生专业的教学及人才培养工作
北京物资学院	北京物资学院物流学院现有物流管理、物流工程、采购管理专业。物流学院以学科专业建设为龙头，以本科教学工作为中心，以培养模式创新为推动，科研与教学双引擎推动，以为地方经济建设和行业发展服务为宗旨培养学生
北京邮电大学	北京邮电大学物流工程专业主要培养掌握信息系统、物流装备、物流运作与管理等方面的规划、研究、开发与应用能力，培养具有机械工程、控制工程、计算机科学和管理科学交叉融合的物流专业技术知识的物流工程优秀人才
大连理工大学	大连理工大学管理与经济学部设有运营与物流管理研究所，主要培养物流运作与管理方面的优秀人才，为机关企业单位培养了一大批掌握现代物流管理知识的专业人才
广西大学	广西大学物流工程专业主要培养制造企业和流通企业物流供应链实施的高级物流工程专业技术人才，专业涵盖机械工程、管理工程、交通运输工程、自动化控制和计算机技术等学科
华南理工大学	华南理工大学培养物流发展规划、物流系统分析与设计、物流企业运作与管理方向的技术和管理能力兼备的复合型人才。该专业要求学生具有扎实的理论基础，并具备从事物流工程、运输管理工程等工作的能力
山东大学	山东大学设有物流管理研究所，主要培养物流管理方面的人才，为国家培养出了一大批具有物流管理专业技能的新时代精英
山东科技大学	山东科技大学物流管理专业设置于经济管理学院，主要为物流管理方向，培养具有管理科学基本知识并具有物流管理能力的人才
陕西科技大学	陕西科技大学物流专业培养具备机械工程、管理科学及现代物流配送的基本知识、应用能力，能在制造、流通和服务等领域从事规划设计、评估审查和经营管理等工作的高素质应用型人才
上海交通大学	上海交通大学物流专业设置于船舶海洋与建筑工程学院下属国际航运系。2001年开始，学科在“交通运输工程”和“物流工程”两个工程硕士领域招生，主要培养物流运输方向的专业人才
苏州科技大学	苏州科技大学物流管理专业设置于商学院。2012年，管理科学与工程硕士点物流与供应链方向招生，并与英国南威尔士大学联合培养本科生，培养出了一批具有优秀物流管理能力的人才
太原科技大学	太原科技大学物流工程专业设置于交通与物流学院，该专业主要培养具有物流系统和技术装备设计与实现为核心能力的物流专业人才，能够从事物流工程系统设计、策划与管理，物流装备设计与研究，物流信息系统开发，掌握物流工程装备的设计技术和系统仿真技术，物流企业规划与管理，具有现代经营管理理念和创新意识、能熟练掌握外语和计算机应用的高层次技术型管理人才

（续）

学校名称	专业概述
同济大学	同济大学物流专业设置于经济与管理学院、交通与运输工程学院及机械与能源工程学院。经济与管理学院设置物流管理专业，创办于2004年，是国内第一批成立该专业的高校学院。交通与运输工程学院设置现代物流工程专业，主要培养现代物流规划与设计、运营与管理等方面的专业人才。机械与能源工程学院硕士生培养包含物流装备方向
武汉理工大学	武汉理工大学物流工程学院是培养港口机械装备、物流工程、物流管理等方面的高级专门人才，并从事机械与物流领域教学与科学研究的特色学院。学院现设有“机械设计制造及其自动化”“物流工程”和“物流管理”三个本科专业
西南交通大学	西南交通大学物流专业设于交通运输与物流学院和机械工程学院，这两个学院是西南交通大学具有悠久办学历史的学院，拥有雄厚的师资力量和完善的教学设施，学院已为国家交通运输与物流领域、起重运输机械专业等培养了数十万名毕业生
浙江工业大学	浙江工业大学物流专业的学习内容包括数理基础、英语、计算机基础、机械工程基础和管理学、设施规划与物流分析、物流自动化系统设计、物流技术与设备、物流系统规划、物流成本管理、物流配送与仓储、人力资源管理等系列课程及相应的实践环节。培养从事现代物流系统规划、设计和优化的高级复合型人才
浙江科技学院	浙江科技学院于管理科学与工程系设置物流工程专业。该专业培养具备工学、管理学基本知识，掌握机电、计算机、自动化等应用技术，适应现代物流发展需要的交叉性高层次应用型物流装备技术和管理人才
浙江万里学院	浙江万里学院物流管理专业设有港口与国际物流、全球采购与供应链管理、物流规划与设计等专业方向，开设物流战略管理、供应链管理、港口物流管理、物流信息系统、物流系统规划与设计、国际航运管理、采购与库存管理、电子商务、物联网技术与应用、物流金融等专业课程
中南林业科技大学	中南林业科技大学物流与交通学院拥有1个一级学科硕士点：管理科学与工程，下设物流与供应链管理、工程管理、管理系统工程3个二级学科方向；1个专业学位硕士点：工程管理，下设物流工程和项目管理方向。有物流工程、物流管理、交通运输3个本科专业

第7章

物流仓储装备产业发展趋势分析

7.1 市场

我国物流仓储装备产业市场总额巨大，且每年都在快速增长。未来，物流需求多样性会不断增加，商业模式会发生变化，技术创新引领市场的重要性会越来越高，绿色物流也将成为新的潮流。

7.1.1 物流需求多样性

物流需求是社会经济活动的派生需求，因此物流需求不仅具有许多经济特性，也同时具有伴随经济活动的变化而发生改变的特点。物流需求多样性的变化起源于主客体的变化，然而这种发展是为了适应产业结构的深化而产生的。社会经济的发展、市场环境的变化、消费水平和消费方式的变化、技术的进步以及物流服务水平的变化均会对物流需求产生影响，带来的直接结果必定是物流需求的多样性。从物流工程角度来看，物流需求的多样性不仅可以对物流工程的发展领域产生影响，而且存在催生出物流工程新模式的可能性。也就是说，第一产业、第二产业和第三产业在经济大环境中所占的比例直接导致了物流需求多样性的产生与发展。因此，根据产业结构的不断发展，物流需求的特性同样不断发生着改变。

物流需求的主要特征之一即为物流需求的多样性，不同行业、不同产品对生产及销售存在不同的需求。同时，不同的需求方式、不同的物流服务供应商、不同的技术力量与物流设施配备对于物流服务的供应策略以及方式都将产生影响。

近年来，国内物流设备市场需求快速增长，中国制造产业和商品流通行业快速发展，再加之中国广阔的地域，物流市场需求呈现出巨大的发展空间，投资金额不断攀升。在越来越多的行业中，对物流的需求远远超出了传统的仓储和运输服务，无论是物流设备生产供应企业还是应用企业，都在思考一个问题——如何让物流设备得到合理化应用，如何让物流系统运作更高效。不同行业，如电子、汽车、冷链、食品、钢铁冶金、化工、烟草和电子商务等，对物流的需求存在很大差异，由于企业所处行业不同，业务规模与运营管理方面也存在差异，因此物流设备需求呈现出多样性的明显趋势。

汽车行业由于消费者的个性化需求以及安全的要求，强调精益生产、精益供应链、全程可追溯，从车身冲压、焊接到喷涂，从发动机机械加工到发动机总装，从车门排序上线到混线总装，需要自动化伺服机器人、流水线布局和物流自动化、全过程信息化监控，高效、精准、敏捷的系统化制造体系成为必需。

食品行业由于安全的要求，必然从主客观的条件下要求食品企业具有稳定的供应链，要求“来源可追溯，去向可查证”，无论是食品的原材料还是成品，其种植、采购、运输、存储、加工、配送等，都必须要保证先进先出（First Input First Output，FIFO）、批量批次精准管理，加上消费者喜好不一和产品的多样性，导致配送更加复杂。未来的食品企业必然要求实现原材料到货、存储、生产配送、加工、成品堆垛、输送、终端配送等所有功能的集成，形成供应链-物流高度一体化、智能化和绿色化。

家电行业由于其竞争的剧烈和利润的不断摊薄，必然强调消费者、供应商、制造商不断协同作战，以O2O等模式共同研发、设计、创新，形成商业生态圈，此时的物流技术、供应链技术也将融入其中，成为互联、智慧、智能家居的一部分。

军工行业由于其供应链的特殊性，更强调时效性、高品质和稳定性，尤其是某些关键零部件，可能直接采用了3D打印和自我修复技术，从而大大降低了物流成本。产品（物料）形体的巨大差异，对于物流存储、搬运、包装、流动等技术有独特的精准、绿色、互联互通的要求。

总而言之，消费者的定制化、个性化，以及对所订制（购）产品的交付时间和可能的意外非常在乎和敏感，使得交付前的预警（预告）和交付后的可追溯、可查证将成为产品服务的必要条件。这就需要企业具备内部信息与外部信息联动的能力，以便于某些客户可以实时地看到企业内部的订单进展信息和相关的成本与效率的信息。在必要的时候，客户将直接参与产品的开发、研究和订单进程管理。这意味着企业必须数据化、平台化、可视化和可移动化管理，实现数字车间和智慧工厂，最终实现云平台管理。

物联网是在互联网基础上利用射频识别、无线通信、传感、全球定位等信息传感设备，按约定的协议把物品信息与互联网连接起来，进行信息交换和通信，以实现智能化识别、定位、跟踪、监测和管理的一种网络。物联网应用广泛，遍及物流仓储、智能交通、环境保护、政府工作、公共安全、平安家居、智能消防、工业监测、老人护理、个人健康等多个领域。物联网将在全球范围内从根本上改变对产品生产、运输、仓储、销售各环节物流监控和动态协调的管理水平，极大地推进物流的自动化、信息化和网络化。

电子商务是信息化、网络化的产物，未来有巨大的发展空间。在电子商务的发展过程中，人们发现作为支撑电子商务的物流，渐渐成为主要瓶颈之一。中国的电子商务快速迭代和发展，与西方的模式迥然不同，使得中国的电子商务没有参照的标杆，这对物流提出了不同的需求。如多功能化、集约化、城镇化、区域个性化、一体化的配送中心不单单提供仓储和运输服务，还必须开展分拣、配货、配送和各种提高附加值的流通加工服务项目，并可根据客户的需要提供其他服务；另一方面海量订单、单张订单、突发或集中订单也将直接影响业已存在的物流模式。

“工业 4.0”强调低成本的个性化制造，强调消费者体验，而今天随着电商的繁荣发展，我们可能已经进入这个时代，很多人认为“工业 4.0”离我们很遥远，其实已经开始。实际上，“中国制造 2025”，也不是 2025 年的事，而是已经开始。

备受世人瞩目的建设丝绸之路经济带和 21 世纪海上丝绸之路的战略构想，对建设“一带一路”的物流体系提出了更新更高的要求。毫无疑问，加速建设交通物流网，以此作为“经线”连接沿线主要国家和地区，积极参与投资沿线铁路、公路、港口、机场等交通干线和物流枢纽，以及横向以金融服务网、信息服务网作为“纬线”，以横向编队夯实互联互通是重中之重。在实施“一带一路”倡议构想过程中，新的需求随时可现，物流工程的空间也会随之扩展。

而在诸如航空航天、海洋工程、重大工程、农产品配送、军队后勤，或是会对社会和谐产生重要影响的，诸如生活物流、老龄化物流、灾害处置的应急物流，以及可能出现的其他新的物流需求，都将扩大物流工程未来发展的空间。

7.1.2 商业模式发生变化

未来市场供需关系将发生以下重大变化。

（1）客户需求　客户的需求将更加个性化，甚至个体化，并且需求满足的周期越来越短，对于创新的要求越来越高。物流技术要契合该要求，也应有相应的创新机制。

（2）客户参与　明显的甲方-乙方式的买卖关系将逐渐淡化，随着大数据的不断丰富和完善，直接变为关联方；供求关系从单纯的买卖、供需关系，转变为共同实现的关系，不再是供方提供优质产品，需方购买和付款，而是双方协同、多方探讨，客户方将参与很大部分的产品研发和产品实现过程的干预，最终实现共赢。物流工程技术已不再仅仅是“厂商”的事情，而是使用方和供应商共同的任务，正因如此，未来要求具备多项功能的物流技术集成能力更高。

（3）BOT（Build-Operate-Transfer）模式　由供方筹集资金进行物流工程项目建设，在规定时期内自主经营，回收投资并获得利润，期限结束后整体移交给项目需方。

（4）线上交易　线上交易是指通过互联网进行的交易，其交易主要凭借虚拟货币完成各种实体物品、信息服务、虚拟产品的购买。对于买家来说，线上支付的好处有：第三方资金监管，保障货款安全；银行合作、在线支付、转账支付等多渠道支付，支付无障碍；流程简单，三步即可完成一笔交易。对于卖家来说，线上支付的优点有：累积交易记录，获取诚信积分，累积诚信品牌。

7.1.3　技术创新引领市场

通过技术创新，研发新型装备，引领并推动市场新的需求，其影响深远的巨大价值已被市场参与各方所共识，物流工程也是如此。以下所述的技术发展正是契合了这一历史的进程。

1）远程控制、无人控制、自主化控制将成为绝大多数物流装备的控制方式。

2）全过程控制、在线控制、数据累计、管理预警等将成为大数据管理的必要条件。

3）绝大多数物流装备都将链接到云平台，成为物联网的一个链接点和嵌入点，该设备未来是数据采集点和上传点，更是执行终端。

4）物流工程设施与技术将随着使用环境的变化而柔性化变化，并且参与协同管理，从而促使物流工程技术日益柔性化、简单化、傻瓜化、按钮化，同时实时信息传递与监控的需要，促使物流工程设施的智能功能成为普遍化。

通过这些技术的广泛应用，开发出的新的物流装备越来越适应并开始超越市场、引领市场，从而可能促进下述物流新模式的出现。

1）产业集群将日益明显，促使满足需求的物流工程规模不断随之扩大。

2）适用于物流单元呈现两极分化的需求：大件包装越来越大，小件包装越来越小。大件物品将推动物流工程设施单个巨大化，小件物品使得流量累积。总体流量的巨大化，将推动电子化、自动化、快速化分拣等成为常态。

3）适用于关联设施与管理运行手段的系统化、智能化，物流工程的横向-纵向、时间-空间、链式管理逻辑-网状管理逻辑的多维化的需求。

7.1.4　绿色物流责无旁贷

政府和社会对于绿色、环保的要求将更加严格和精确，使得未来的物流工程必然将绿色纳入规划与运营的考虑范围内，甚至成为一票否决的门槛。

碳排放的全球承诺环境下，对于物流-供应链中碳足迹的追踪和挖掘、降低，将成为物流工程的主题。如全国性大企业产品与物流模式优化，缩短物流路径和交叉干线运输条数，减少运输距离，降低不必要的碳排放；又如煤炭行业不再采用露天堆场，而是采用集装化、储罐化模式，降低粉尘污染，有利于减少空气污染和雾霾的形成等。

基于对全社会的责任，大型企业势必主动或者被动地要求实现碳足迹的量化计算和满足节能减排的要求，而这些碳足迹的绩效要求，将会率先在汽车（主机厂）、家电、工程机械、食品、物流园区、港口、海运航运等行业实施，在碳排放优化措施效果明显可期的企业内开展，并且将成为未来市场准入的一道门槛。

在供应链过程中，碳足迹将形成一系列的标准，并且结合未来的物流-供应链标准，成为产业链上的又一个约束瓶颈。

物流工程在实现物流绿色化的过程中所担负的责任是义不容辞的，但同时也应看到履行这一责任时可能得到的收获，那就是又一新兴市场的出现。

7.2 技术

科学技术是第一生产力，对于物流仓储装备产业的发展来说是一个核心推动力。智能化、集装单元化、绿色化和节能化越来越成为新时代的趋势和特征。

7.2.1 智能化技术广泛应用

物流信息化解决了信息数字化问题，实现了信息的高效传递；物流自动化解决了作业计划的问题，实现了人工作业强度的降低。智慧物流则是将人工智能算法、自动感知识别技术与自动化设施、信息化系统深度融合，使物流系统从过去仅能代替人的四肢升级为代替人的大脑+感知器官+四肢，能模仿人的智能，具有思维、感知、学习、推理判断和自行解决物流中某些问题的能力。智慧物流的灵活性、柔性化的特点，可以有效应对碎片式作业所带来的成本增加和效率降低的问题。

仓储与运输是物流系统中的两个核心部分，其中仓库内部作业流程包括收货、存储、拣选、发货四个基本环节。

1. 收货环节智能技术

（1）自然导航无人叉车　托盘搬运作业是将整托盘货物从运输车辆上搬运至收货区等待质检入库。传统自动化解决方案采用激光或惯性导航的无人叉车实现托盘搬运作业。这些无人叉车通常只能运行在某个固定的区域内，人为地设置好反光板、磁钉等标记物或反射器，不能随意地变化工作环境，存在很大的局限性。基于同时定位与地图创建（Simultaneous Location And Mapping，SLAM）技术实现无人叉车的自然导航，不需要安装标记或反射器，只需让装有环境感知传感器的无人叉车在未知环境中从某一位置出发，根据其移动过程中内部与外部传感器获取的感知信息进行自定位，同时逐渐建立一个连续的环境地图，然后，在此地图的基础上可以实现无人叉车的精确定位与路径规划，完成导航任务。自然导航无人叉车具有安装时间短、投入成本低、自由创建新路径等特点，是下一代智能无人叉车的发展方向。

（2）智能拆垛机械手　拆垛作业是将转运托盘上码放的货物一箱箱搬运到传送带上。传统自动化解决方案是采用工业机器人手臂抓取或吸取完成。由于机器人手臂作业控制依据的是计算机系统数据库中存储的箱型尺寸和码垛规则，而不能在线识别现场作业的对象，因此只能实现从同一托盘中取出相同规格的箱子，当面临成千上万种货物箱型时，数据库的维护任务将非常繁重。电商公司收到的同一托盘上的货物箱型大小不一，且码垛无固定规则，传统机器人手臂难以操作，智能拆垛机械手借助3D视觉和深度学习算法，可实现机器人手臂作业的自我训练、自我校正，无需箱型和垛型的数据库维护。机器人通过3D深度摄像头识别顶层货物轮廓，当首次拾起一个箱子，它就建立一个相关的箱子模型，并基于这个模型加快对下一个箱子的识别。

2. 存储环节智能技术

传统集中式作业过程中，同一品规的货物以托盘为单元大批量进出仓库，存储环节最常用的自动化解决方案是使用托盘自动化立体仓库，货物以托盘为单位存储在高位货架上，通过堆垛机完成托盘出入库作业。而在碎片式作业过程中，为便于后期海量品项、成千上万订单的拆零拣选，货物更多以料箱方式进行存储，借助智能调度算法指挥小车群体完成货物出入库作业。

（1）KIVA系统　KIVA系统有成百上千个举升搬运货架单元的机器小车组成。货物开箱后放置在货架单元上，通过货架单元底部的条码将货物与货架单元信息绑定，仓库地面布置条码网格，机器小车应用两台摄像机分别读取地面条码和货架单元底部的条码，在编码器、加速计和陀螺仪等传感器的配合下完成货物搬运导航。此外，机器小车不支持移动与转向同步，转向时需要固定在原地位置进行。该系统的核心是控制小车的集中式多智能体调度算法。

（2）多层穿梭车系统　KIVA系统受货架单元的高度限制，仅能实现货物在平面空间上的存储，多层穿梭车系统则采用立体料箱式货架，实现了货物在仓库内立体空间的存储。入库前，货物经开箱后存入料箱，通过货架巷道前端的提升机将料箱送至某一层，然后由该层内的穿梭小车将货物存放至指定的货格内。当货物出库时，通过穿梭车与提升机的配合实现完成。该系统的核心也在于通过货位分配优化算法和小车调度算法的设计，均衡各巷道之间以及单个巷道内各层之间的任务量，提高设备间并行工作时间，发挥设备的最大工作效率。

（3）立体单元系统　KIVA系统中的自动导引小车实现地面搬运，多层穿梭车系统中的穿梭车实现货架轨道上的搬运，引用细胞技术构建的立体单元系统则是以上两者技术的融合。立体（细胞）单元小车当在货架或提升机上时，按照传统多层穿梭车的工作方式在轨道上运动；当离开货架到达地面时，可以切换至自动导引小车的工作方式在地面运行，在地面上的导航方式不同于KIVA系统，采用的是基于无线传感网测距、激光测距仪测量和推测航行法的传感器融合技术，无线传感网实现信息通信以及全局定位，而激光测距仪测量和推测航行法实现位置跟踪和定位精度校正，相比KIVA地面标签配合惯性导航的方式更加灵活。该系统将立体货架存储空间与地面平面存储空间无缝连接在一起，代表了可扩展、高柔性化的小车群体技术的未来发展方向。

3. 拣选环节智能技术

订单拣选方式分为人工拣选和自动化拣选两种类型。

（1）增强现实辅助拣选技术　传统的人工拣选解决方案采用手持射频（Radio Frequency，RF）拣选、电子标签拣选或语言拣选方式。拣货员根据货架上的指示灯 J 或者手持 RF 以及穿戴设备中的提示，拣取货架中的货物。虽然作业准确率提高，但是要求拣货员熟悉掌握库房的布局。通过虚拟增强现实（Augmented Reality，AR）技术将真实世界和虚拟世界的信息进行无缝集成，通过 AR 眼镜自动识别库房环境，定位待拣货物位置，并自动规划拣选路径，建立线路导航，指引作业人员以最快、最短的时间到达目标拣选货位，通过 AR 眼镜自动扫描货物条码，指导作业人员准确获取商品，解放双手，大幅提高拣选作业效率。

（2）Delta 机械手拣选技术　传统的自动化拣选设备是以 A 字架为代表的通道式拣选机，同一品项货物被整齐叠放在立式通道内，借助通道底部的弹射机构将货物拣选至传送带输送线上，该设备主要适用于包装标准的盒装品拣选，无法应对电商行业成千上万种货物包装形式的拣选需求。瑞典的 Reymond Clavel 教授在 20 世纪 80 年代提出了 Delta 并联机器人，机械手的驱动电动机被设计在机架上，从动臂可以做成轻杆，因此末端可以获得很高的速度和加速度，特别适合轻型货物的高速分拣操作。基于摄像机和计算机来模拟人的视觉功能，Delta 并联机械手能够实现动态拣选，并且机械手可以根据产品的不同尺寸和种类更换拾取器，因而适用的包装类型可以多种多样。此外，为了保证抓取的准确性，Delta 机械手需要借助人工智能技术训练同种商品在不同姿态下的识别准确率。

4. 发货环节智能技术

在发货区内，根据送货线路的不同划分为不同区块。集货分拣作业是将拣选完成的订单放置在对应送货线路的区块内。传统的自动化解决方案多采用基于斜轮分流器、滑块分拣机或交叉传送带输送机的自动化分拣线，分拣线仅能解决订单按照送货线路分类集中，但无法实现订单按照送货线路的固定顺序排列，只有等到装车发货时，由发货人员根据送货线路由远及近的客户顺序，将相应的订单货物依次挑出，装入车厢内，严重影响装车效率。

智能发货分拣系统采用多层穿梭车技术，拣选完成的订单存储在立体货架内，穿梭车的存取货叉可根据箱型尺寸进行货叉间距调整，因而可以适用于不同尺寸的货物和不同类型的包装。当接到发货装车指令，订单货物会根据送货线路由远及近的客户顺序依次从货架中取出，通过输送线送至装车区域，若配合伸缩传送带输送机，可实现直接装车，减少中间二次搬运环节，大幅改善装车效率。此外，由于订单在发货取货架内进行立体存储，相比传统发货区的地面平面存储方式，空间利用率得到显著提高。

7.2.2　集装单元化技术应用领域进一步扩大

1. 发展单元化物流是推进物流标准化的重大举措

单元化物流是指从产品开始即采用标准化模数的包装进行规范，在物流过程中按照一定的质量和体积组合成标准的集装单元，在供应链各个环节中以集装单元为对象组织运输、储存、装卸、搬运、信息处理等物流作业，集装单元状态始终保持不变，直到终端收货点的过程。单元化物流占比越高，物流效率越高，质量越好，成本越低。

周转箱、托盘、集装箱等是单元化物流体系中的重要集装单元。发展单元化物流是系统推动物流标准化的重要途径，特别是从产品包装、运输、仓储到末端配送全链路的标准化，同时也会带动作业流程、货物交接、商品追溯、物流信息全面的标准化。因此，发展单元化物流是全面、系统推进物流标准化的重大举措。

集装单元化运输是物流系统优化的基础，因为它是物流作业机械化、自动化的前提，是提高物流装备和物流系统作业效率的重要措施，是提高物流速度、降低物流综合成本的最好方式。集装单元化运输最常见的形式有集装箱运输、托盘运输、柔性集装袋运输。

近年来，在实现集装单元化的过程中，一些相关的集装器具，如集装箱、托盘、周转箱、柔性集装袋等的应用日益广泛，产量迅速提高。据不完全统计，全世界集装箱产量的80%由我国供应。随着我国高速公路总里程的迅速增加，集装箱运输必将从港口向内地纵深延伸，真正实现集装箱的门到门运输。同时，托盘运输近年来受到许多大型生产和商贸企业的重视和推广应用。海尔集团、神龙集团、上海烟草集团等一些大型企业已经在集团的整条供应链（采购、生产、销售）上实现了标准化的托盘一贯化的物流作业。

2. 托盘循环共用是建设单元化物流体系的重要基础

单元化物流是一项系统工程，托盘作为单元化物流系统中最基本的物流单元器具，广泛应用于生产和流通领域，对于促进物流一体化运作具有“牵一发而动全身”的作用。推广应用标准托盘，发展单元化物流，是推进物流提质降本增效的有效措施。2014 年以来，商务部会同财政部、国家标准化管理委员会等部门开展物流标准化试点和专项行动，并且出台了《关于推广标准托盘发展单元化物流的意见》，规定以 1200mm×1000mm 为托盘的唯一标准尺寸，并且要求托盘的结构、质量也符合标准。以此标准组成的托盘单元将逐渐成为我国物流行业中最重要的集装单元、作业单元、计量单元和数据单元，以标准托盘及其循环共用为主线，促进物流各环节标准化衔接，提升物流标准化水平。经过几年的努力，全国标准托盘应用水平大幅提升，物流标准化设施应用逐步普及，托盘循环共用系统初步建立，探索形成了推进物流标准化的成熟模式，物流降本增效取得明显进展。但与发达国家相比，我国标准托盘循环共用和带托盘运输水平仍然不高，亟待扩大标准托盘应用范围，发展全链条物流标准化。

推动托盘、托盘箱（筐）等载具的循环共用，从物流的起点到配送终点，托盘不能与货物分离，当到达终点时托盘作为资产投入新一轮的单元化物流作业之中，这就是托盘循环共用系统。随着托盘在物流上下游企业间循环，将带动上下游企业的物流载具、产品包装、装卸搬运设备等与托盘标准协同统一，形成物流单元化标准体系。

托盘作为作业单元，对目前我国杂乱无章的物流作业带来了很大的冲击，原有的规则被打破，需要制定新的商业规则和作业流程，推进物流单元化、一体化运作。给托盘和周转箱（筐）带上全球统一的 GS1 编码标识，并与货物代码关联，可以大幅提高物流链信息化、智能化水平。

围绕推广标准托盘发展单元化物流，《关于推广标准托盘发展单元化物流的意见》提出了六大任务，由浅入深、由基础到高级、由技术应用到模式推广，从先后顺序上循序渐进、环环相扣、以托盘循环共用为基础，给出了单元化物流系统的建设路径，可操作性强，对于各部门的推进工作有明显的指导作用。这有利于政府部门和相关企业、企业和企业之间上下联动，协同推进。

集装单元化运输的推广还带来了各类与之相关的物流装备的迅猛发展。各类托盘输送装备，以及以托盘单元产品为主的储存仓库，如各类托盘货架仓库、自动化仓库等得到了进一步的发展。此外，集装箱岸边起重机、集装箱龙门起重机、集装箱货车和拖车、集装箱正面起重机、集装箱叉车等的销售量也在激增。

3. 充分发挥行业组织作用发展单元化物流

物流标准化是一项技术性、专业性较强的工作，中国仓储与配送协会是推广标准托盘、建设托盘循环共用系统的专业性组织，自 2014 年以来，一直积极协助商务部流通业发展司推动物流标准化政策的落实。该协会在国内率先关注并调研了开放式托盘的循环共用模式，2015 年，在商务部流通业发展司指导下，中国仓储与配送协会牵头，联合商务部国际贸易经济合作研究院、中国百货商业协会、中国条码技术与应用协会和中国包装总公司等联合成立了中国商贸物流标准化行动联盟。在路凯、集保等全国性托盘租赁公司为代表的封闭式循环得到快速发展的情况下，从 2017 年开始，联盟将工作重点转移到建设托盘开放式循环共用系统上来，并编制了系列标准，于 2017 年 11 月推动了第一批开放式标准托盘在天津投入使用。

7.2.3 绿色化与节能化

1. 绿色仓储与配送

绿色物流就是减少资源消耗并降低对环境的污染，生产制造先进的物流技术装备，建设先进的物流设施，利用先进物流仓储工程技术规划并实施运输、仓储、装卸搬运、流通加工、配送、包装等物流功能活动。绿色物流的最终目标是可持续性发展，实现该目标的准则是经济利益、社会利益和环境利益相统一。

2. 绿色设计与制造

物流装备的绿色设计包括绿色材料的选择与管理、可拆卸性与可回收性设计两个方面。

在功能设计及产品质量、效益、产量、性能等方面应考虑环境约束与成本的关系。物流装备绿色设计应推广生命周期设计方法、并行工程方法、模块化设计方法等。物流装备的绿色化设计技术随着减量化的社会呼声逐步提到日程，如轻量化设计、能耗评价、制造过程低排放、维修再制造、寿命评估和报废标准研究等。

制造层面逐步转变为减料→等料→增料制造方式，采用先进绿色制造新工艺——精确成型技术（数控）、快速成型（3DP）技术，提高材料利用率，减少加工工时，保证生产过程洁净、环保，从而实现产品轻量化、精确化、使用维修的低耗化。

3. 绿色包装与回收

绿色包装的内涵包括使用绿色包装材料，实行包装减量化，利于重复利用，易于回收再生，包装废弃物可降解腐化等。物流装备的绿色处理应在产品进行初始设计时就充分考虑产品、零部件及材料的可回收性、回收价值大小、回收处理方法、回收处理工艺性等与可回收性有关的问题。物流仓储装备在其使用寿命结束后，其零部件能被翻新、回收、重用或安全处理掉，如自动化立体仓库、高速堆垛机、智能化 AGV、搬运机器人等装备。

7.3　环境

随着传统行业不断与科技“碰撞”，依赖人力的物流行业也正努力从劳动密集型向技术密集型转变，从传统模式向机器人智能物流升级。虽然智能化目前还处于初级阶段，但正在进入快速普及阶段，对于物流装备企业而言，应看到这样的趋势变化，并应积极推进人力资源结构转型。

技术进步带来的产业结构和就业结构变化，在经济发展史上并不鲜见，但智能化潮流来势之迅猛，可能会让许多人措手不及。例如，在广东、浙江等地区，机器换人的热潮已经兴起，其中浙江省在2012—2015年间因机器换人，致使普通工人减少了大约195万。

曾有研究机构预测，未来流程化的工作都可能被智能设备代替，中国77%的工作都有被智能设备代替的可能。这样的结果，对物流装备企业可谓喜忧参半：一方面预示着未来物流装备的市场需求仍将快速增长；另一方面，在这种大潮之下自身该如何生存，也是必须考虑的事情。

我们应看到，智能化将产生新的劳动需求，主要是复杂技能和创造性的工作岗位。物流装备企业应重视智能化对就业结构的重大影响，提前做好人力资源转型的规划，积极开展内部培训，多种渠道培养适应智能化发展的人才，打造中国物流装备业的推动力。

针对目前现代物流与智能装备人才需求庞大、对人才素质要求日益提高的问题，各方必须重视人才的培养，满足物流产业升级和物流企业技术创新的需要。要采取多种形式加快物流人才的培养。加强物流人才需求预测和调查，制定科学的培养目标和规划，发展多层次教育体系和在职人员培训体系。以提高实践能力为重点，按照现代职业教育体系建设要求，探索形成高等学校、中等职业学校与有关部门、科研院所、行业协会和企业联合培养人才的新模式。完善在职人员培训体系，鼓励培养物流高层次经营管理人才，积极开展职业培训，提高物流业从业人员业务素质。利用社会资源，鼓励企业与大学、科研机构合作，编写精品教材，提高实际操作能力，强化职业技能教育，开展物流领域的职业资质培训与认证工作。加强物流领域理论研究，完善我国现代物流业理论体系，积极推进产学研用结合。加强与国外物流教育与培训机构的联合与合作。同时，物流企业内部应加大现代化设备设施使用者的培训，使其更加适应专业岗位的要求，以全面发挥自动化、智能化的物流装备在运营生产中的作用。

第8章 专题论述

随着互联网技术的发展，物流仓储装备产业的发展进入了快车道，智能化越来越成为物流仓储行业现代化的标志。智能制造物流、电商物流和智能供应链，均为物流仓储装备产业正在应用的新技术与新潮流，下面作为专题分别进行论述。

8.1 智能制造物流协同

随着智能制造的推进与发展，物流技术也从单一物的流动走向了结合互联网技术的智能物流。智能物流与智能制造相辅相成，物与物之间信息交融，企业与企业之间资源共享。努力做到仓库无人化、制造协同化，并且全流程做到设备监控可视化，最终真正实现物流新时代新的飞跃。

8.1.1 概述

我国的物流技术水平已经具备“搬运机械化、控制自动化、管控计算机化、信息网络化”等特征，可以实现：物流动到达目标或目的地，物流装备将服从物流动的目标，完成物的流动。在物流活动中，物是按既定路径运行，物流装备按逻辑控制顺序自动完成，物资信息由计算机自动管理，具备以“自动化”为标志的物流特质。

随着技术的发展，传统的物流系统改革也势在必行。原先刚性物流系统将有更高的柔性，以适应风云突变的市场竞争；传统数学模型变革为概率模型与算法，更加强调算法的学习性、适应性；中心控制变革为离散控制，强调各个部分的智能性，从而拥有更强大的群体智能。智能物流是利用集成智能化技术，使物流系统能模仿人的智能，具有思维、感知、学习、推理判断和自行解决物流中某些问题的能力。

8.1.2 制造物流智能化

以信息物理系统（Cyber Physical System，CPS）为核心的智能工厂和智能生产已经成为国际先进制造领域的研究热点，发达工业国家斥巨资对其开展研究与产业化。国际知名的自动化公司面向智能工厂开展了大量创新产品和系统的研发，已初步形成了新的产品体系。工业大数据的运用正在成为制造业的核心竞争力，通过传感器收集数据并进行分析，再反馈到设备进行更好的管理，甚至创造新的商业模式，已开始成为企业新的核心能力。工业大数据的分析和运用，已经成为国际企业的研究计划和重要战略。

智能制造下的智能物流将实现智能物料、智能产品、智能运输，同时辅以物流装备创新与CPS智能化，以数字化工厂为愿景，最终以最高效率配合智能生产。

物流作为生产系统中重要的一个环节，势必要顺应制造业的发展方向。下面将从智能装备、数字工厂、智能决策三个层面来阐述制造物流智能化的技术展望。如图8-1所示。

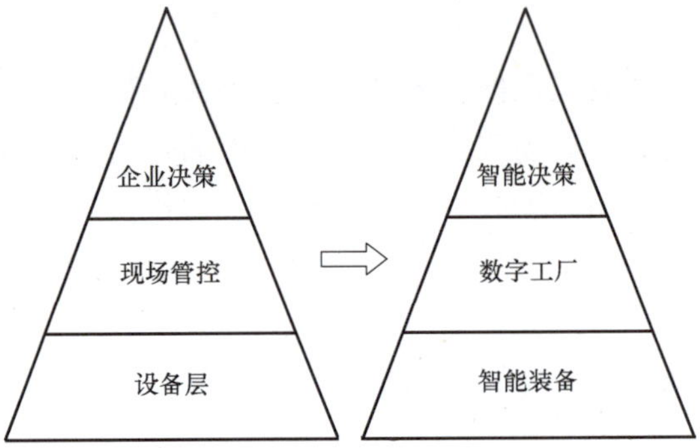

图 8-1　三层模型

1. 智能装备

智能装备是智能工厂运作的重要手段和工具。智能装备主要包含智能生产设备、智能检测设备和智能物流设备。制造装备在经历了从机械装备到数控装备后，目前正在逐步向智能装备发展。智能化的加工中心具有误差补偿、温度补偿等功能，能够实现边检测、边加工。工业机器人通过集成视觉、力觉等传感器，能够准确识别工件，自主进行装配，自动避让行人，实现人机协作。智能物流设备则包括自动化立体仓库、智能夹具、AGV、桁架式机械手、智能起重机等。

起重设备智能化可以实现更精确灵活的操作。智能起重设备具备自动规划、全面感知、多机协同以及决策控制等能力，可以自动识别环境。采用轨迹规划、自动避障、远程操控、自主作业、故障诊断等智能化技术，可以实现以上列举的能力。将使起重设备的操作更精准、更舒适便捷、更安全可靠。

对于智能起重设备，太重集团积极领跑，其首造250t智能大型冶金铸造起重机可以实现指纹识别与操作权限管理、智能控制和无人自动巡航、防摇摆和超精准定位，对起重设备智能化有着积极的示范作用。

2. 数字化工厂

数字化工厂（Digital Factory，DF）是指以产品全生命周期的相关数据为基础，在计算机虚拟环境中，对整个生产过程进行仿真、评估和优化，并进一步扩展到整个产品生命周期的新型生产组织方式，是现代数字制造技术与计算机仿真技术相结合的产物，同时具有两者鲜明的特征。它的出现给基础制造业注入了新的活力，主要作为沟通产品设计和产品制造之间的桥梁。

数字化工厂建设目标在于：①在产品的研发仿真过程中展开全数字化应用，提升研发效率；②实现生产过程的透明化和全生命周期的追溯，提高生产效率和产品质量；③实现基于数据驱动的经营与决策，降低企业的运营成本；④建设数字化服务体系，推动制造+服务的转型升级；⑤逐步推动制造资源的数字化，降低对人员经验、情绪的依赖。

许多公司针对数字工厂推出了软件平台。例如西门子，其产品全生命周期管理（Product Life-cycle Management，PLM）系统、生产制造运营管理（Manufacturing Operation Management，MOM）系统、全集成自动化（Totally Integrated Automation，TIA）系统，共享一个数据库，通过内部主线，三大系统核心数据能够实时连接起来，形成一个实时的数字化主线。此外，其数字化仿真软件工具对产品设计后会进行充分验证、对产品进行性能仿真、对工厂进行仿真。西门子的数字工厂核心技术在于数字孪生，它是以数字化方式为物理对象创建的虚拟模型。

（1）数字孪生　数字孪生体（见图 8-2）是充分利用物理模型、传感器更新、运行历史等数据，集成多学科、多物理量、多尺度、多概率的仿真过程，在虚拟空间中完成映射，从而反映相对应的实体装备的全生命周期过程。

数字孪生原本是对某个具体设备的全方位实时仿真技术，有时候也用来指代将一个工厂的厂房及产线，在没有建造之前，就完成数字化模型。从而在虚拟空间中对工厂进行仿真和模拟，并将真实参数传给实际的工厂建设。而工房和生产线建成之后，在日常的运维中二者继续进行信息交互。

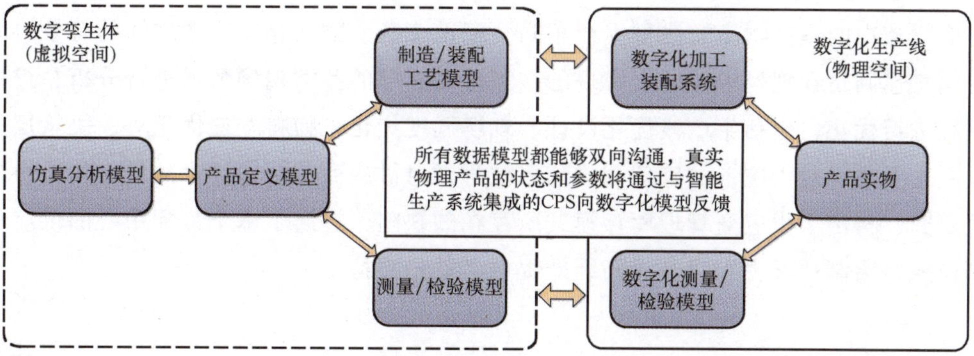

图 8-2　数字孪生体

（2）数字孪生车间　数字孪生车间可对生产系统进行全方位、多维度的实时仿真，包括生产系统的重要环节——物流。管理员或客户可以在数字孪生体中看到整个生产系统的各个细节，就如同身临现场，并且可以基于数字孪生体对生产系统进行精准管理、运行优化、物料智能跟踪和配给等。

3. 协同物流

协同制造是落实“中国制造 2025”中的推进信息化和工业化深度融合、大力发展智能制造、推进制造过程智能化和深化互联网在制造领域中应用的一门技术。

协同制造下的协同物流是指各企业通过网络提供服务并协调所有的商务活动，以提高利润和绩效，它创造协同环境使各企业共享信息和资源。对于流程式生产，生产设施地理位置集中，生产过程不间断，自动化程度高，各个部门间的协调、协同任务也较少。对于离散式生产，生产设施地理位置分散，零部件加工和产品装配往往在不同地区甚至不同国家进行，而且零部件种类繁多，加工工艺多样，又涉及多种多样的加工单位、工人和设备，计划、组织和协调任务繁重，协同任务较为重要。协同物流与传统物流和现代物流的对比分析见表 8-1。

表 8-1　协同物流与传统物流和现代物流的对比分析

对比项目	传统物流	现代物流	协同物流
经济特征	产品经济	有竞争的市场经济	满足个性要求的服务经济
技术特点	重点提高物流作业技术与装备效率	信息系统与系统优化	供应链、生态系统、指挥平台、物联网、云计算、大数据等
服务特征	被动消费	可选择的产品服务	C2B2C、个性化、柔性化
运作管理目标	提高物流各环节的效率	系统成本最优	关注商务系统整体价值最优
系统特点	包装、运输、存储功能串联集成	物流系统综合集成	与商务系统融合，重构商业业态
关注内容	作业效率	关注成本	关注客户价值，建立合作伙伴间系统关系，共创双赢
IT 作用	作业环节间信息沟通	物流信息关系系统与网络	物流基础设施、生态系统的共享与协同

智能物流中的生产物流需注重生产车间、配送车队、物料仓库三者之间的有效协同，而这些协同工作则是在现场管控层上实现的。通过对底层的各类现场数据进行分析、挖掘，对制造系统进行优化，包括生产线优化设计、现场调度优化、物料配送优化等。决策层的协同物流研究主要是针对供应链的管理方式，多位学者对供应商与制造厂家的供应物流协同运作进行了研究，指出了供应商管理库存模式所存在的缺陷，提出了基于集配中心的供应物流协同运作模式。为制造商去库存、提高绩效提供了理论支持。

8.2　电商物流

8.2.1　电商物流现状

《中国电子商务报告 2017》显示，2017 年全国电子商务交易额高达 29.16 万亿元，同比增长 11.7%。根据报告内容，去年一年跨境电商的发展增速喜人，海关验放跨境电商进出口商品总额为902.4亿元，同比增长高达80.6%。2017年，电子商务在引领数字经济、促进全面开放、推动深化改革、助力乡村振兴、带动创业创新等方面都发挥了重要作用，成为数字经济中发展最活跃、最集中的部分。同年，全国网上零售额为7.18万亿元，在社会消费品零售总额中的比重不断提升。电商就业人员多达4250万人，吸引了农村剩余劳动力、返乡创业青年等参与。

巨大的消费量，是对电商网络平台、后端仓库的一次巨大考验，电商大军异军突起势必对传统物流带来改革，电商物流要解决的最主要问题是快速高效。因此京东、天猫纷纷筹措自己的仓配战略布局，国内也纷纷出现"菜鸟""极智嘉""快仓"等新兴智能物流装备企业，未来电商物流将在物流领域引领又一次重大变革。

8.2.2 电商物流智能化技术

影响电商物流发展的重中之重即仓储物流技术的进步，智能仓储是物流过程的一个环节，可保证货物仓库管理各个环节数据输入的速度和准确性；确保企业及时准确地掌握库存的真实数据；合理保持和控制企业库存。因此，仓储物流技术的智能化程度直接决定了电商物流的成本和效率。

智能物流中电商物流的新技术主要有机器人技术、密集存储技术、自动拣选技术、数据挖掘技术、系统集成技术。

目前，机器人技术在物流中的应用主要集中在装卸搬运、包装码垛两个作业环节。

1）装卸搬运机器人。装卸搬运是物流系统中最基本的功能要素之一，存在于货物运输、存储、包装、流通加工和配送等过程中，贯穿于物流作业的始末。当前，机器人技术越来越多地被应用于物流的装卸搬运作业，从而直接提高了物流系统的效率和效益。搬运机器人可安装不同的末端执行器来完成各种不同形状和状态的工件搬运工作，大大减轻了人类繁重的体力劳动，目前已被广泛应用到工厂内部工序间的搬运、制造系统和物流系统连续的运转以及国际化大型港口的集装箱自动搬运。

2）包装码垛机器人。企业为了提高自动化程度和保证产品质量，通常需要高速物流线贯穿整个生产和包装过程。机器人技术在包装领域中应用广泛，特别是食品、烟草和医药等行业中的大多数生产线已实现了高度自动化，其包装和生产终端的码垛作业基本都实现了机器人化作业。机器人作业精度高、柔性好、效率高，克服了传统的机械式包装占地面积大、程序更改复杂、耗电量大的缺点；同时避免了采用人工包装造成的劳动量大、工时多、无法保证包装质量等问题。以码垛作业为例，目前欧洲、美国和日本的包装码垛机器人在码垛市场的占有率超过了90%，绝大多数包装码垛作业由机器人完成。码垛机器人能适应于纸箱、袋装、罐装、箱体、瓶装等各种形状的包装成品码垛作业。

3）特殊应用机器人。目前，世界各国都在致力于机器人的研发，新型机器人不断涌现，并在冷链物流、医药物流及仓储作业中开始应用。德国KUKA公司专门为冷冻食品行业的物流开发了一款能在-30℃环境下工作的机器人，开创了机器人技术在冷链物流中应用的先河。另外，在医药物流方面，由德国 ROWA 公司研发的“机械手式自动化药房”是典型代表，这种自动化药房是由一个机械手进行药盒搬运，实现药品的进库与出库，并且能实现药盒的密集存储和数量管理。

现代电商物流是将传统物流技术，例如 RFID 技术、传感器技术、GPS 技术等与上述计算机科学领域新兴技术相结合的智能物流。不断提升出入库效率，从而满足日益增长的电商物流交易量，在仓库端提升配送速度，是电商物流发展的增长点。

8.2.3 电商物流模式

搭建物流产业链生态还是自建仓配物流网络，是电商巨头们需要考虑的问题。阿里巴巴早已意识到物流服务将影响电商发展。截止到 2017 年，阿里巴巴从国内仓储、配送、供应链、末端配送，甚至海外都已经有所布局，智能物流生态圈基本成型。2013 年，阿里巴巴联合银泰集团以及各大快递企业等组建菜鸟网络。阿里巴巴组建菜鸟的目的，就是“形成一套从前端下单到运输配送，再到收货售后的一体化解决方案，是端到端的全链路优化”。菜鸟网络生态如图 8-3 所示。

在仓配方面，菜鸟打造一站式全供应链互联仓储平台，这是吸引商家和快递公司入局的关键一步。菜鸟为商家在全国提供仓储，帮助商家实现智能化库存管理的同时，大幅度提高配送服务效率，继而靠商家订单流量吸纳快递公司。此外，菜鸟推出“联盟仓库”，将智能仓配网的分层做得更密。

京东物流则将其物流网络分为中小件、大件、冷链、B2B、跨境和众包网。

对于中小件物流配送，京东资料显示，目前京东在全国范围内拥有 256 个大型仓库、6906 个配送站和自提点。在大件物流方面，京东对垒的是阿里巴巴的日日顺物流，处理大家电配送服务。

京东目前全国正在使用的冷仓有 10 个，冷链配送覆盖深冷、冷冻、冷藏、控温四大温层，可以实现-30℃至常温温层的全覆盖。

跨境物流方面，京东拥有海运链路和空运链路，已开通 7 个跨境生态口岸，并且有两个京东自营保税仓。

8.2.4 电商物流未来趋势

未来的电商物流发展趋势势必是智能技术结合供应链的资源整合，实现物流资源重新配置。具体体现在以下三点：

第一，全供应链化。大数据驱动整个供应链重新组合，不管是上游原材料、生产制造端，还是下游的分销端，都会重新组合，由线性的、树状的供应链转型为网状供应链。

第二，物流机器人会大量出现。随着人力成本的不断提高，机器人成本与人工成本会越

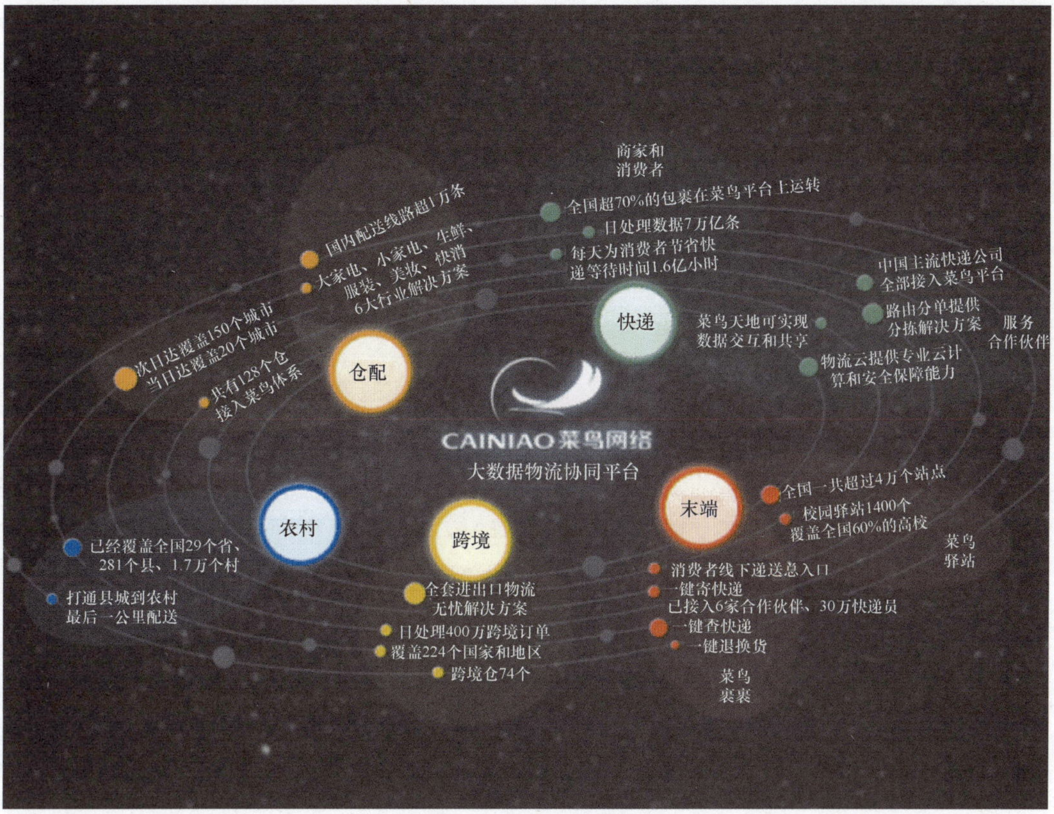

图 8-3　菜鸟网络生态

来越接近。简单重复性劳动被机器人取代只是时间问题。

第三，社会化物流会变成全社会经济的重要组成部分。数字化物流会让物流资源在全社会重新配置，不管是快递的人员、快递的工具、快递的设施，还是商品，都会进行组合，任何一个社会资源都可能成为物流的一个环节。

所以，未来智能物流一定是一套自由、开放、分享、透明、有信用的新的物流体系。

8.3　智能供应链

8.3.1　智能供应链的概念及特点

1. 智能供应链概念

供应链是围绕核心企业，通过信息流、物流、资金流的控制，从采购原材料开始，制成中间产品以及最终产品，最后由销售网络把产品送到消费者手中的，将供应商、制造商、分销商、零售商直到最终用户连成一个整体的功能网链结构，如图 8-4 所示。

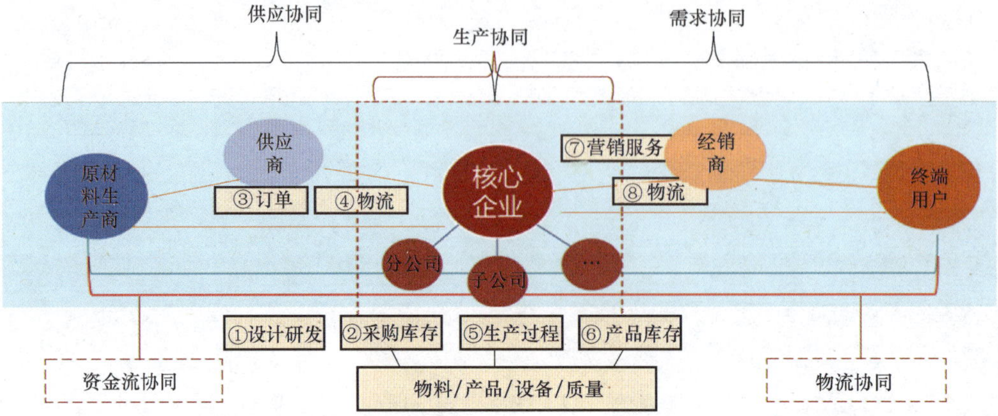

图 8-4　供应链整体功能网链结构

智能供应链平台需要将产品、客户、供应商、技术、服务、订单、物料、工厂、产能、库存、仓库、门店、计划等都整合到一起，服从和服务于企业供应链大数据的逻辑要求，从而保证供应链在运营过程中能够适时抓取标准-计划-执行之间的数据差异，然后进行自我反馈、自我补偿、自我优化和自我调整，形成智慧的行动。

相对于传统供应链，在智能制造时代，制造企业的供应链具有更多的市场要素、技术要素和服务要素。智能供应链需要与供应商之间链接智能物流；与客户之间也要链接智能物流；还需要将研发、预测与需求、计划与资源分配、排产与配套、制造与品质、交货与客户口碑串联起来，应用移动实时技术、工业大数据、智能运作与反馈分析技术、工业互联网技术、制造设备智能技术、自动仓储配送系统和技术、自动数据采集技术等，解决模块化设计、供应商配套管理、定制化需求配置、库存优化、内部物流技术与运作、制造平台、质量管理与交付等，从而形成全价值链智能绩效分析系统，优化订单满意度、计划、制造、差异管理、库存控制、能源降低等关键问题。智能供应链基本模型如图 8-5 所示。

对于智能制造而言，制造企业的供应链管理与分销企业、第三方物流企业具有完全不一样的逻辑，前者具有明确的市场定位、产品研发、预测、生产计划、物流计划、采购计划、成品发运计划、客户订单管理、库存与物流信息控制等功能环节；而后者更多的是其中的某一个环节或功能。

2. 智能供应链特点

1）以点带面，强调全局性。未来的供应链运营不再是“头痛医头，脚痛医脚”式的救火模式，更多强调系统优化与全供应链的绩效，而不是局部优化的部门绩效，强调“牵一发而动全身”和完全协同性。

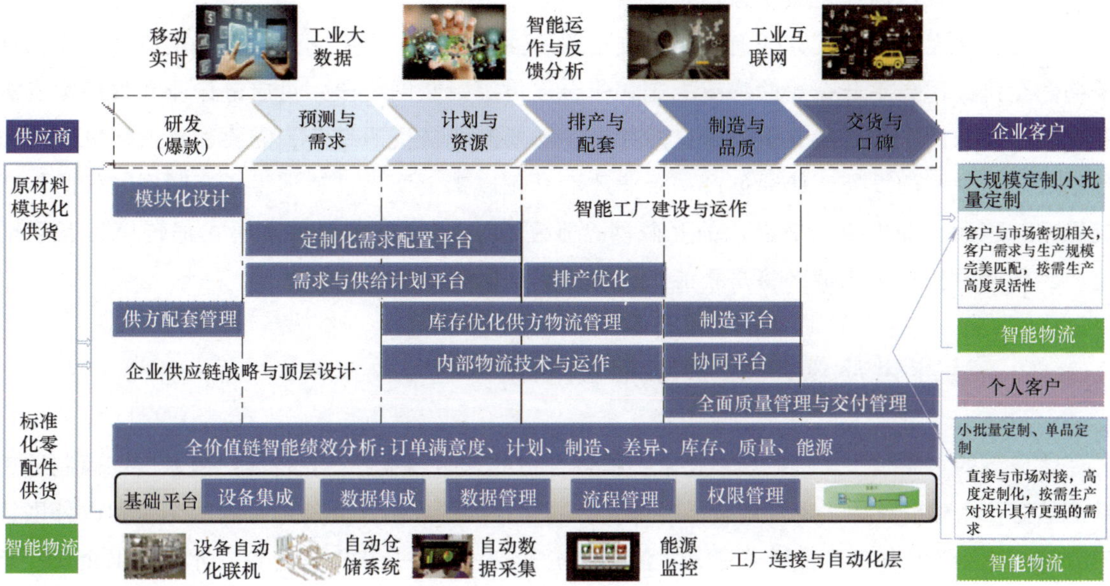

图 8-5　智能供应链基本模型

2）更加看重相对于客户服务满意度的精准性、有效性。制造企业更加具有时代感和存在感，不再是躲在代理商后面或者企业销售部门后面被动提供产品，而是主动分析、主动服务。他们将会更多地邀请客户进行体验式的开发、测试客户要求，进行符合客户个性化的产品和服务模式整合，以保证该产品或服务对于客户的黏性，从而反过来促进产品和服务的迭代升级。供应链也就能进行自我反馈、自我补偿，从而智能化迭代升级。

3）更加看重供应链过程的增值要求。传统的精益生产理论强调只有制造才是增值的，那是产品时代的思维；在智能供应链时代，需要明确的是，只有客户买单的才是增值的！于是有了如下逻辑：不仅仅生产才是增值的（物流、研发当然也是），不是所有的生产都是增值的（过量生产就是浪费）。这将引发制造企业供应链的价值导向颠覆。

4）更加重视基于全价值链的精益制造。从精益生产开始，拉动精益物流、精益采购、精益配送等，全过程都必须是精益精准的，并且是在运营标准的基础上联动展开，达到量化管理，并在管理过程中不断减少甚至消灭“标准-计划-执行”之间的差异，形成一体化控制体系。

5）更加强调以制造企业为切入点的平台功能，只不过这个平台功能不再是单一维度，而是具有立体性，涉及产品生命周期、市场、供应商、工厂建筑、流程、信息等。智能制造企业供应链，不再是以某个单一功能实现为目标的暂时性项目，而是打造制造企业服务能力的综合系统，使企业具有“聚核”功能，从而提升核心竞争能力。该平台不但需要有良好的智能供应链基础，更需要良好的智能化信息平台。

6）智能制造供应链不再是站在企业内部来考虑如何满足客户或者销售部门的“订单要求”，而是站在客户端思考“客户需要什么样的服务”。此时或许没有了销售部门或者代理商，而是直面客户甚或是潜在客户。

总之，在互联网时代，任何产品原创企业的商品销售、生产制造、各级供应商的零部件采购和交付，都离不开企业的物流配送和资金支付等互联网手段。供应链作业和管理本身需要专门的互联网平台，需要供需信息的共享，需要产业链资源结合，需要贸易伙伴之间的业务集成。互联网的发展，使原创产品企业才能真正以销定产，这就催生了互联网时代的供应链思维，进而，催生传统制造业的互联网产业革命，消费模式和供给模式都转换为互联网化，互联网时代的供应链必将是智能供应链。

8.3.2 智能供应链的本质和相关技术

供应链的本质是快速响应客户要求，提供合格的产品和服务，获得客户满意度；而制造工厂当然需要精确准时地生产合理合格的产品，消耗合理的成本。其基础是制造企业和以外围第三方物流企业为载体的产业链联通，主体是制造企业，核心是集中采购和零部件加工企业，条件是现代物流技术、信息技术、供应链创新、人机协同的运作过程，目的是提高市场资源的综合利用效率和实现供应链环节上所有成员的核心竞争力，最终满足客户要求，提高满意度。

需要说明的是，智能供应链并未改变供应链的本质，只是有别于传统的供应链大部分使用人工、局部软件模块、单线协同等做法，更多的是使用智能物流技术、RFID 等智能化信息技术、3D 打印等新一代数字化制造技术等，其目的还是满足客户市场的要求。

在智能供应链的应用过程中，其相关技术也呈现出很多方面。①智能供应链管理的相关技术有供应链智能决策技术、智能研发技术、智能补货与决策技术、计划一体化技术、大数据挖掘技术等；②电商供应链的相关技术有物联网技术、云计算、移动应用、VR/AR、在线支付技术等；③智能工厂供应链的相关技术有智能装备技术、智能控制技术、智能物流技术、机器人技术、自动检测和识别技术等；④智能供应链可视化的相关技术有数据仿真技术、数据采集、存储和通信技术、数据库等。

“个性化、高端化、参与感、快速响应”是智能供应链的特点。“智能的、联通的、高柔性的、透明的、快速的和有效的”是未来物流的发展方向，通过物联网、服务计算、云计算等信息计算与制造技术融合，构成智慧供应链平台，实现软硬件制造资源和能力的全系统、全生命周期、全方位的感知、互联、决策、控制、执行和服务化，进而实现人、机、物、信息的集成、共享、协同与优化，最终形成生态圈。

8.3.3 供应链智能化技术发展的推动要素

供应链管理领域的智能化发展主要取决于三个因素：一是社会贸易总规模；二是企业供应链管理外包的比例；三是供应链物流技术的升级换代。

首先，供应链管理领域的市场规模具有极大的想象空间。

其次，在供应链管理服务外包的背景下，供应链管理服务商凭借其在供应链前、中、后端的商流、物流、资金流和信息流的控制力，能够做到对于供应链运行中的货物、资金的动态监管和风险控制，使得供应链管理服务商成为供应链中天然的核心企业，从而能够为行业上下游企业提供金融服务。供应链管理服务商发展供应链金融业务既能开拓新的业务模式，提升盈利能力，又能增强客户黏性，促进公司供应链业务量的增长。电商、汽车、家电行业、电子信息行业供应链管理的外包已较为成熟，医疗器械、快消品、食品及酒类等行业也逐步提升供应链管理外包的比例以提升整体运行效率，从而为供应链管理行业提供了更大的发展空间。

其三，供应链管理和物流装备技术日新月异，为物流运营和供应链智能化管理升级提供了保障。近几年各个行业对于智能物流集成系统的需求和发展较快，电商物流、智能制造、冷链物流、行业升级改造及其他领域，都在推动物流装备行业发展，很多大型或者特大型物流系统工程项目纷纷开工，自动化立体库、自动化分拣系统项目建设市场繁荣。而最主要的需求拉动是电商和智能制造，推动了智能供应链的数字化、信息化和智能化。

智慧物流引领全球流通业。全行业引入数百条自动化分拨流水线，菜鸟研发的最后100m 智能配送机器人小 G，已经率先投入使用。2017 年“双 11”期间，菜鸟和物流合作伙伴率先在全球采用最大规模的无人仓、机器人仓群。中国物流正在与传统物流逐渐告别。

制造业的转型升级，特别是智能制造战略的推进，推动了供应链物流的快速发展。中国政府从 2015 年开始启动实施“智能制造试点示范专项行动”，至 2018 年，已经先后批准了三百多个试点项目，这些项目中每个都含有智能物流元素。

智能技术的发展加速了传统制造企业的转型升级，意在将传统制造企业打造为“会听、会说、会看的智慧工厂”，并在“智能制造、智能供应链、绿色园区、智能社区、智能可视”五大领域进行全面深入的技术创新和业务数字化探索。

2017 年，电子商务物流、服装物流、医药物流、快消品物流、高端制造等领域是高端货架需求的主要用户，特别是穿梭车货架，市场需求增长较快。机械、汽车、电子、家电等行业增长平稳。随着中国对食品、医药的管理日趋严格，应用于冷冻库（库温-25℃以下）中的自动化物流装备技术也越来越多地受到关注。

随着智能物流系统集成工程项目的快速增长，物流系统集成市场也已经成为资本市场关注的热点，物流系统集成领域的投资随之加大，企业上市、并购与重组、新的企业进入成为行业热点。

输送分拣设备行业市场需求呈现高速增长态势，2017 年全年增长超过 20%，市场规模超过 15 亿元人民币。电子商务物流发展带动了输送分拣技术进步，新的输送分拣技术不断涌现，其中，“货到人”拣选、交叉带分拣、“货到机器人”分拣、高速分拣等分拣技术发展最快。

AGV 和穿梭车发展很快，原来都是国外品牌，2018 年，中国已经有十几家企业在生产自己的穿梭车了。2016 年，AGV 新增量为 6340 台；2017 年新增 12600 台，其中 70% 是国产品牌；预计到 2018 年底增量将达到 18000 台。

新技术开发的热点集中在人工智能、搬运机器人、无人机配送、无人仓储、大数据与云计算等领域。应用领域的市场热点主要集中在全自动化立体库、新型的快速分拣技术、智能搬运车、智能穿梭车与货架系统、智能自提终端、自动装车等方面。

8.3.4 智能供应链在不同行业的应用

智能供应链的应用随着客户需求、产品制造、技术使用等的不同，呈现出不同的适应性和迭代等级。

比如周转率高的产品（如食品、快消品、服装、药妆品、手机、计算机、家电产品、家居产品等），附加值往往偏低，而客户一般要求新鲜度、安全性、及时率、可视化程度高，同时供应方（或平台方）对于需求的响应能力也要求快速、精准，对于供应链的智能化程度要求也高（大数据信息平台、物流智能化等），所以企业更会在智能化预测、智能化识别爆款需求、智能化采购、智能化配送、消费大数据管理等方面投入资源；周转率低的产品，其对供应链管理的需求相对平稳，智能化程度不是非常迫切，一般强调管理的有效性。

又比如技术要求高的产品（如汽车、飞机、船舶、轨道交通等），涉及技术使用门槛、产品制造难度、多零部件和供应商协同的难度，项目管理要求非常精准、有效、安全、可追溯、实时，对于供应链的智能化要求更是特别高，所以企业更会在智能化研发设计、智能化供应商管理、智能制造、3D 打印等方面投入资源；而传统的低技术要求产品，智能供应链技术应用相对较少。

以下是几个典型的行业应用说明。

1. 电商行业

电商行业着力布局智能物流供应链体系的搭建，在全国范围内建设大型仓储配送中心，其中的典型代表包括阿里菜鸟网络、京东亚洲一号以及苏宁云仓。以亚洲一号为例，京东致力于将其打造为亚洲范围内 B2C 行业内建筑规模最大、自动化程度最高的现代化运营中心。亚洲一号以适度自动化作为主要特征，主要应用了大量的自动化立体仓库、输送线、自动分拣机等物流自动化设备，在入库、在库到拣货、分拣、装车的完整过程都无需人力参与，让库房拥有极高的效率和出色的灵活性。

“需求驱动的供应链”对于电商平台来说是个比较良性的发展，这需要电商环境高度的数字化，但传统供应链因为本身在需求端的很多数据并没有在系统里，如消费者的需求、市场的趋势、最新的动态等，这些数据没有数字化，因此很难分析在供应链管理中应该准备多少货、放在什么地方给予消费者。

2. 汽车行业

汽车行业的供应链是围绕主机厂（品牌企业），通过信息流、物流、资金流的控制，从新品研发（主机厂和独立品牌零部件厂商都有专业研发）开始，经过采购原材料（可能涉及一级供应商，甚至供应商的供应商）、制成中间产品（汽车零部件）以及最终产品（整车），最后由销售网络（4S 店或者其他销售渠道）把产品通过专业第三方物流公司，送到消费者手中（大部分是到店里面提车），将供应商、制造商、分销商、零售商直到最终用户连成一个整体的功能网链结构。

这里面既涉及产品研发、供应商管理、需求管理、计划与制造、原材料与零部件物流管理、生产制造物流管理、整车网络配送等，又有连锁经营、消费者管理、售后维修（还涉及备品备件生产供应与管理）与保养（后市场）等一系列的内容。汽车行业供应链体系如图 8-6 所示。

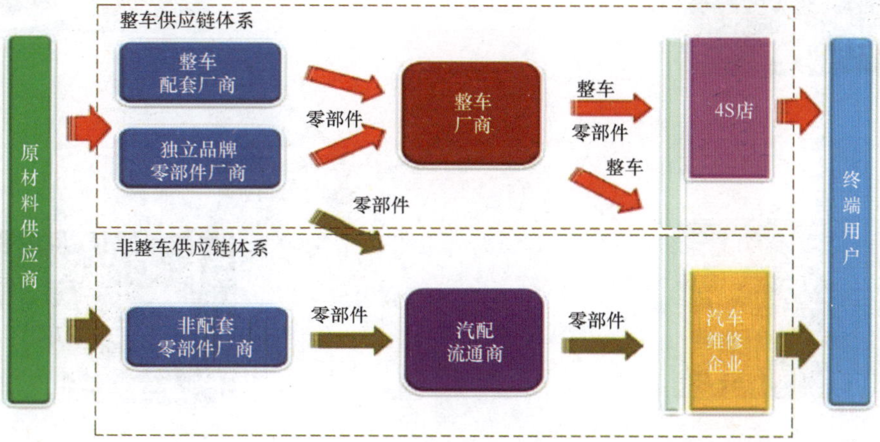

图 8-6　汽车行业供应链体系

从供应链智慧化而言，需要将供应链中各个环节、不同利益主体都互联互通起来，并且为了共同的供应链策略而努力保证采购、生产和交付，获得好的客户满意度。既要有协同管理，更需要不同环节有相应的自组织、自管理、自适应的自我管理和反馈的能力，可谓分中有合、合中有分，但不管是合还是分，都需要实时协同与联动，只不过传统供应链主要是靠人来协调，形式主要是电话、开会、软件辅助等，智慧供应链则主要是靠具有自我反馈能力的系统和平台，达到“使能”的状态。相对于传统供应链，在智能制造时代，汽车行业的智慧供应链具有更多的市场要素、技术要素和服务要素。

有鉴于此，汽车行业对于物流装备技术的应用主要表现在：原材料、零部件的自动化存储、自动化下料；车身冲压、焊接、喷涂工艺过程的机器人使用；零部件工厂和自制件的智能单元化包装和存储、配送、工位器具的设计和流转使用；总装过程的电子化拣选、AVG 配送、机器人装备等。基于互联互通的工业互联网已经相对成熟，并且主流汽车主机厂都已经与供应商实现了互联互通。

3. 家电行业

在传统的供应链中，我国各家家电企业生产出来的空调、冰箱、洗衣机都是一样的白色、结构几乎都是一个模子出来的，美其名曰批量生产、低成本生产、高效率生产、高质量生产，殊不知，这些也许都不是消费者需要的。

而当人们还在为库存伤透脑筋、初步学习精益生产的时候，海尔已经于 2015 年建成了第一个空调、冰箱、洗衣机、中央空调互联工厂，如图 8-7 所示。

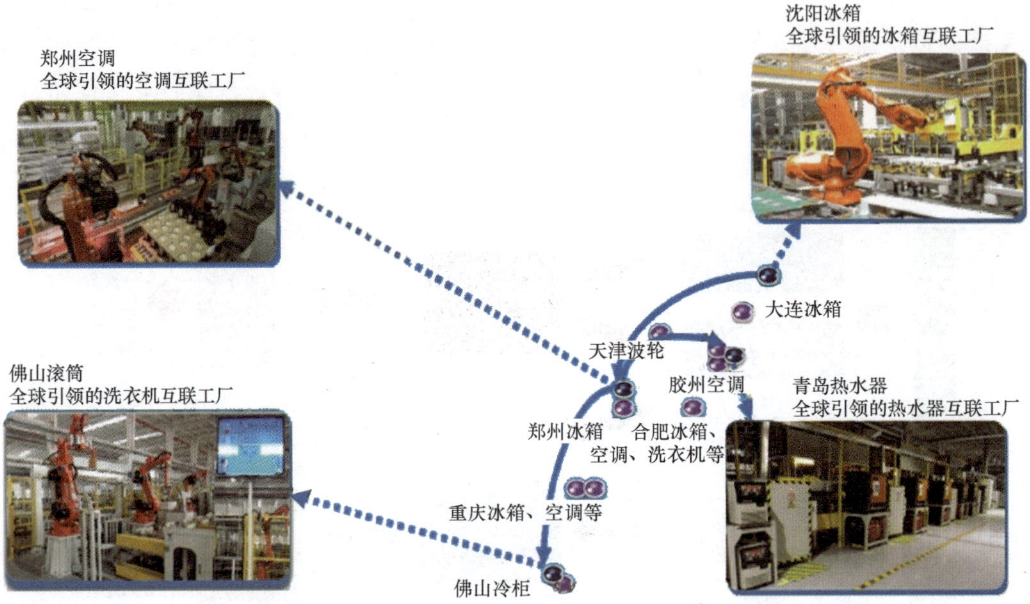

图 8-7 海尔全球互联工厂

海尔互联工厂的全球发布，为中国传统制造业工厂，尤其是家电行业制造的升级转型提供了颠覆性的样板。海尔全球第一个冰箱（沈阳）、空调（郑州）、洗衣机（佛山）互联工厂的建成，可能将成为继福特生产模式、丰田生产模式之后的新的生产模式。在这种行业内外夹攻下，我国的家电行业将面临新的洗牌，如海尔推出第一个家电互联工厂，美的努力打造自动化、智能化、精益化工厂等。

过去以构建庞大的经销商平台为自豪的家电企业，只会陷入层层的库存漩涡中，最后走向价格战。在“工业 4.0”环境下，不存在多余的库存，精益生产和精益物流得到完美体现；反之，精益生产和精益物流也将是“工业 4.0”工厂的必要不充分条件。从另一角度而言，精益生产和精益物流做得比较好的家电企业将有更大的空间和可能提前实现互联工厂、数字车间，这方面美的集团走在国内家电企业的前茅，特别是在工业互联网的应用方面。在 632 平台的基础上，智能工厂能够实时与平台互联。该项目投入近 50 亿元，导入了搬运机器人、工位机器人、工位间智能立体库、自动化配送工位设施等，如图 8-8 所示。

对于智能化的家电企业，工厂不再躲在库存、计划和门店的后面进行一如既往的集群制造、成组制造，而是直面客户、直面订单、直面个性化需求，所有的订单和需求都通过企业云平台智能化分配给网络化分布式的生产基地。

图 8-8 美的工业互联网下的智慧供应链工厂

无论是海尔，还是美的、格力、TCL 或者其他家电企业，都正在实现以客户需求为导向，在满足客户需求的前提下，通过对供应链内部各相关企业的整合与协同，以快速响应与集成客户需求，为客户创造出更多的附加价值。对采购、生产、销售、回收等各环节的活动进行协调和调动，对信息流、实物流、资金流的双向流动进行协调和管理，并且供应链中各环节的信息可见且可控，以此达到整体效益和抗风险能力最大化。用系统的观念和方法对整条供应链上的相关企业进行整合，以达到整个系统最优。

4. 家居行业

家居行业智能物流已有相对成熟的方案和应用。例如，针对原材料的智能立体仓库，采用成垛板材立体存储的方式，最大化单位面积仓储量，并通过仓储管理系统（Warehouse Management System，WMS）实时采集库存状况，与 ERP 系统实时交互，指导采购及销售工作。与制造执行系统（Manufacturing Execution System，MES）实现互联互通后，智能立体仓库可以实现板材自动出库并配送相应文件。针对半成品产线分拣配送解决方案，可以采用智能配送系统，通过自动穿梭车或自动导引车将产线下线的整托半成品根据 MES 或仓储控制系统（Warehouse Control System，WCS）的调配，自动配送至下一个需求工位或进入半成品仓库进行暂存。针对成品仓储的智能立体仓储系统，采用堆垛机的成品立体仓库配合长距离输送系统，提供最大化的仓储容量和信息化的管理需求，配合辅助装车系统、运输管理系统（Transportation Management System，TMS）等系统，可大幅降低仓储量，提高资金周转率。

宜家家居是家具行业智能化物流推动的典型代表。截止到 2016 财年，宜家公司将全球市场划分为 5 个区域，下设 52 个仓储配送中心，其中 30 个设在欧洲，1 个设在俄罗斯，13 个设在美洲，8 个设在亚洲及澳大利亚。配送中心和中央仓库均被设置在海陆空交通枢纽上，以便及时为宜家商场提供货物，最大程度上降低物流费用。在运输管理方面，宜家通过运输过程中集装单元化和专业拖盘提高物流装卸效率。宜家配送中心主要由直接配送中心

（Distribution Center，DC）和辅助配送中心（Central Distribution Center，CDC）组成。直接配送中心主要负责对销售网点的货物配送，而辅助配送中心主要是网上销售，直接面向顾客提供送货上门服务。宜家设有专业运输部门，拥有10000多辆卡车（3000辆自有车、7000辆租用车），在信息化的基础上科学调配运输车辆，不断提高效率，将产品安全、迅速地送往目的地。

5. 农业与食品行业

互联网、大数据和物联网等新一代信息技术的出现，农业供应链开始进入智能时代，“以产定销”开始变成“以销定产”，不但减少了中间环节，还加快了物流和信息流的效率，大大降低了农业生产风险。高达十万亿元的中国农业市场，正在发生着史无前例的巨大变化。一场由新一代信息技术引起的农业智能供应链的颠覆行动，正酝酿着更大的变化。以冷链、可追溯数据链为主导的农产品智能供应链正在走入千家万户。

比如，三只松鼠股份有限公司分别在北京、安徽、广州三地建立了自家仓库。三只松鼠在平时运营期间，已经有60%的地区可以在48小时之内送达货物。仓储物流智能化提高了单位容积的仓储效能和物流效能，以及货品的周转速度，进一步提升了消费者体验，同时也提升了企业核心竞争优势。

农业与食品行业主要是向新零售转型，在传统零售的基础上，运用大数据、人工智能等进行精准的挖掘、定位、引导线上和线下消费者的消费需求，并且通过柔性、高效的智慧供应链，快速提升消费者的购物体验，满足消费者不断升级的消费需求。对传统零售的“人、货、场”即“客户、品类、场景”进行重塑。无论是“新零售”还是“传统零售”，从本质来看，最终目的都是满足消费者不断变化的需求。在新零售时代下，零售企业的供应链反应能力是至关重要的，通过调查显示，目前零售企业管理者普遍认为零售业存在的最大挑战是供应链管理，而供应链的切入点往往都是从智能物流中心开始。

第9章 企业专题

为了《中国物流仓储装备产业发展研究报告（2016—2017）》的编写能最大程度反映我国物流仓储装备产业的现实情况，为了《中国物流仓储装备产业发展研究报告（2016—2017）》的发布能满足企业的要求，在本次编写过程中，编委会采访了一些从事物流仓储装备产业的资深企业。这些企业规模较大，是目前国内物流仓储装备各类产品生产制造的主导企业，其产品也畅销国内外，有较强的行业代表性。

非常感谢他们对于《中国物流仓储装备产业发展研究报告（2016—2017）》发布的鼓励与支持。下面是接受采访的八家企业的访谈实录（按企业名称的汉语拼音首字母排序）。

9.1 安徽叉车集团有限责任公司

9.1.1 企业简介

安徽叉车集团有限责任公司（以下简称“叉车集团”）始建于1958年，系安徽省属国有独资公司，注册于安徽省合肥市，注册资本4.5亿元，是我国目前规模大、产业链完整、综合实力强的工业车辆和自动化运搬设备研发、制造和销售基地。1996年，核心子公司安徽合力股份有限公司在上海证券交易所上市（股票简称安徽合力、证券代码600761），安徽合力是我国叉车行业最早的上市公司。

自1991年以来，叉车集团主要经济技术指标连续多年保持全国同行业龙头，并跻身世界工业车辆行业七强。经过60年创新发展，叉车集团已经形成了以安徽合肥合力总部为中心，以陕西宝鸡合力、湖南衡阳合力、辽宁盘锦合力、浙江宁波力达四个整机厂分别为中部、西部、南部、北部和东部整机制造基地，以合肥铸锻厂、安庆车桥厂、蚌埠液力机械有限公司、安庆联动属具股份有限公司、安徽和安机电有限公司等核心零部件企业支撑的全产业链体系。公司具备年产叉车整机15万台、铸件20万t、油缸60万根、转向桥15万台套、变速箱15万台及相应的下料、钣金加工、涂装、装配和试验检测能力，并具备了在更大规模、更高水平和更宽领域参与全球竞争的产业基础和竞争能力。

9.1.2 企业物流仓储装备产品近三年的市场情况简述

一是智能制造。以合力SAP-ERP信息系统为架构，以自动化、流线化、智能化设备为支撑，以精益生产为主线，加快两化深度有机融合，通过激光下料，机器人焊接和打磨、涂装、AGV柔性装配等制造环节智能化设备应用，进一步提高生产效率，缩短了产品交货周期，提高了产品品质，降低了员工劳动强度。目前，叉车集团已初步完成了15万台整机和桥箱、高强铸件、工程油缸、属具等关键零部件的产能规划和资源匹配，形成了基于数字化车间和智能工厂的柔性敏捷制造能力。

二是智能产品。基于互联网+、大数据、云计算、物联网技术的发展，叉车集团以市场为导向，以集成产品开发（IPD）体系为支持，确定合力智能产品研发规划，推进基于车联网的智能工业车辆管理；无人驾驶技术和资源整合加快了自动搬运设备产品的产业化，推动了企业向自动化物流解决方案供应商转型。

三是国际化。要“推动中国制造向中国创造转变、中国速度向中国质量转变、中国产品向中国品牌转变”，叉车集团十二五以来，加快推进企业国际化。2014年，成立了合力欧洲中心，实现了每年50%以上的增长；2016年，与德国永恒力集团合资成立了永恒力合力工业车辆租赁有限公司，依托双方股东的产品、资本、网络优势，致力于成为中国规模最大、实力最强的厂商租赁合资公司；2017，与世界500强企业德国采埃孚集团，合资成立采埃孚合力传动技术（合肥）有限公司，为中国工业车辆提供智能高端传动系统；2018年，叉车集团将成立合力东南亚（泰国）中心，全面贯彻落实“一带一路”国家倡议。

9.1.3 企业2016、2017年物流仓储装备产品的总销售额

2017年，叉车集团实现工业车辆销量超过12万台，达到12.10万台，较2016年的8.67万台，同比增长39.56%；2017年实现合并营业收入87.15亿元，与2016年同期相比增长35.76%。紧紧围绕“中国制造2025”，叉车集团近两年着力加快“智能化+国际化”战略转型。

9.1.4 发布《中国物流仓储装备产业发展研究报告（2016—2017）》对企业的作用

一是通过发布《中国物流仓储装备产业发展研究报告（2016—2017）》将有助于政府和

行业协会从宏观上把握我国物流装备产业发展形势、发展趋势、存在的问题和下一步努力的方向，并有针对性地出台产业政策，促进我国物流装备产业转型升级进步。

二是通过发布《中国物流仓储装备产业发展研究报告（2016—2017）》将有助于行业内企业，通过大量行业数据、行业案例和骨干企业经验做法，看清形势，加快技术创新与变革，拉高标杆和定位，推进管理进步，实现高质量发展。

三是通过发布《中国物流仓储装备产业发展研究报告（2016—2017）》将有助于行业投资者、供应商等相关方的发展，形成良好的、共赢的产业链生态，促进模式创新。

9.1.5　对中国物流仓储装备产业发展的期望

一是期望政府主管部门和行业协会，能够通过宏观分析，引导行业内企业围绕“中国制造2025”，以创新为本、规范为要，实现差异化发展。

二是期望行业内企业，规范自律，避免同质化价格竞争，避免一哄而上做整机，应围绕中国物流装备产业的全产业链、全价值链、全生态链来谋划各自定位，瞄准国际一流企业，以技术创新为突破口，实现全行业产业升级与技术进步。

三是期望国家出台产业扶持引导政策，加快培育100家大型骨干龙头物流装备示范企业，通过智能制造+智能产品+系统解决方案，实现中国物流装备产业的技术进步与产业升级。

9.1.6　对《中国物流仓储装备产业发展研究报告（2016—2017）》发布的建议

建议《中国物流仓储装备产业发展研究报告（2016—2017）》能够邀请到国家部委司局级领导参加，能够结合一次物流装备产业博览会或论坛发布。同时，叉车集团有意作为战略支持合作单位。

9.2　北京机械工业自动化研究所有限公司

9.2.1　企业简介

北京机械工业自动化研究所有限公司（以下简称“北自所”）创建于1954年，是原机械工业部直属的综合性科研机构，1999年转制为中央直属大型科技企业，现隶属于国资委监管的机械科学研究总院，是我国率先研究和开发自动化物流技术的单位，现已成为国内知名的物流系统集成商，处于国内领先地位。

北自所现有员工近900人，其中工程技术人员600余人。建有9个研究开发中心。有经国家批准建立的“制造业自动化国家工程研究中心”“国家液压元件质量监督检验中心”“国家‘863’计划智能机器人产业化基地”和“国家智能化系统集成应用体验验证中心”等国家级科研、开发基地；有“全国工业自动化系统与集成标准化技术委员会”“全国液压气动标准化技术委员会”和“中国机电一体化技术应用协会”等15个全国性行业组织依托在本所；是国家批准的“控制理论与控制工程”“计算机应用技术”两个专业的硕士学位授予点，已培养硕士研究生200多名。

北自所致力于制造业领域自动化、信息化、集成化技术的创新、研究、开发和应用。为客户提供由开发、设计、制造、安装到服务的整体解决方案，是制造业企业集成化装备和系统解决方案的提供者。作为中国智能制造系统解决方案提供商联盟理事长单位、纺织行业智能制造系统解决方案供应商联盟副理事长单位、中国纺织机械协会理事单位、中国纺织机械协会化纤机械分会会长单位，北自所是离散制造系统集成领域的实践者和引领者，先后参建了几十项国家智能制造专项项目，积累了丰富的工程经验，形成了体系化供给能力，成功完成600多个自动化物流系统项目，业务链从生产型物流、配送型物流拓展到大型物流配送中心的全物流行业。入选工信部第一批智能制造系统解决方案供应商推荐目录。

9.2.2 企业物流仓储装备产品近三年的市场情况简述

近年来，北自所投入了大量资金对自动化物流系统的专业技术进行了深入的研究，从用户的需求和行业的发展着眼，提供集自动化、信息化、智能化于一体，解决加工、搬运、仓储、配送等一系列环节的综合性集成解决方案，更加重视系统本身的协调和优化，满足不同行业、不同领域用户的定制需要，并已在制造业、食品、医药、纤维制造等多个领域成功实施，呈现出强劲的发展态势。

北自所结合各行业特点，在仓储物流技术领域坚持设计创新、制造创新和管理创新。围绕自动化物流系统开发了不同类型的巷道堆垛机、码垛机器人、输送设备、RGV、AGV、EMS、分拣机等多种自动化机械设备及相关控制系统，以及应用于不同行业的系统仿真软件、物流管理软件（WMS）、图像采集处理软件、监控软件（WCS）、调度软件和ERP系统接口软件等先进的物流装备和软件产品，并成功应用于各个自动化物流系统项目当中。

北自所自主研发的聚酯纤维后纺全流程智能物流创新解决方案为用户提供了纺丝车间从卷绕机落丝、装车、分拣、包装、仓储到MES系统的全流程自动化解决方案，已成功推广应用到国内多家大型化纤企业，实现了从前纺到后纺、仓储的全流程物流的自动化、信息化，为企业节约 80%的人力资源，生产效率大幅提高。

北自所目前的主要客户有中国一重集团、中国铁建、三一集团、维尚家具、恒安集团、欧派家居、美克美家、上药集团、华润集团、石药集团、红日药业、江中集团、扬子江药业集团、九州通医药集团、正大集团、蒙牛集团、伊利集团、皇氏乳业、三元食品、喜之郎集团、新凤鸣集团、桐昆集团、盛虹集团等。

9.2.3　企业 2016、2017 年物流仓储装备产品的总销售额

2016 年，物流仓储装备产品的总销售额为 4.5 亿元；2017 年，物流仓储装备产品的总销售额为 9.5 亿元。

9.2.4　发布《中国物流仓储装备产业发展研究报告（2016—2017)》对企业的作用

我们非常欢迎由中国机械工程学会组织编写并发布的行业发展研究报告，相信该报告能够对整个行业情况进行一次系统的梳理，帮助企业深入地了解本行业当前最新的发展动向，为企业提供若干方向性的思路和选择依据，使得企业能够把握市场机会，规避经营风险，提高管理和运营能力，做出正确经营决策，明确企业的发展方向。

9.2.5　对中国物流仓储装备产业发展的期望

改革开放 40 年来，中国经济高速发展，已进入一个新时代。生产力水平的提高，使企业的生产能力大幅提高，随着经济的发展，土地资源越来越紧张，劳动力成本越来越高，企业对自动化、信息化的需求越来越旺盛，未来十年，中国的物流仓储装备产业会高速地发展。

9.2.6　对《中国物流仓储装备产业发展研究报告（2016—2017)》发布的建议

首先希望《中国物流仓储装备产业发展研究报告》能够坚持并定期发布；其次希望能够尽可能多地采集到行业内的数据，并能够对大量的行业数据信息进行定量和定性分析研究。通过对行业的内外部环境、上下游供需、市场波动的监测与研究，提供可靠的市场（或细分市场）规模数据以及趋势判断，反映出行业的生命周期、盈利能力，并能够预测出行业发展的机遇与风险。

9.3 北京起重运输机械设计研究院有限公司

9.3.1 企业简介

北京起重运输机械设计研究院有限公司（以下简称“北起院”）成立于1958年，由原机械工业部直属的国家起重运输机械行业技术归口研究所发展成集科研、设计、生产制造、安装调试、工程承包、检验检测、咨询监理服务为一体的国有科技型企业，隶属于世界500强企业中国机械工业集团有限公司。业务涉及客运索道、物流仓储、起重机械、物料输送等四大工程板块和第三方服务（检验检测、设备监理）。承包建设各类工程近2000项，是我国起重运输机械行业综合技术实力最强的企业之一。

国家起重运输机械质量监督检验中心、国家客运架空索道安全监督检验中心、北京矿用起重运输设备检测检验中心等设立在北起院，承担着行业的检验检测业务。

全国起重机械、连续搬运机械、物流仓储设备、工业车辆等四个标准化技术委员会秘书处，以及中国索道协会、中国机械工程学会物流工程分会、中国工程机械工业协会工业车辆分会、中国重型机械工业协会物流与仓储机械分会和桥式起重机专业委员会等五个国家行业协会、学会秘书处设都设立在北起院。北起院承担着国际标准化组织起重机技术委员会（ISO/TC96）主席工作，拥有机械工业物料搬运工程技术研究中心、北京市自动化物流装备工程技术研究中心两个技术研究中心。北起院致力于行业的技术进步和行业的健康可持续发展，为我国物料搬运行业的技术进步发挥着重要作用。

北起院是中国最早从事自动化立体仓库建设的企业，从业历史已达43年之久。1973年，研制出我国第一座自动化立体仓库；1997年，首次实现国内自动化立体仓库出口国外；2001年，率先进入自动化物流配送中心领域；2010年，成功进入电子商务物流系统领域。至今，已为医药、服装、纺织、快速消费品、电子商务、智能制造、物资备件等多个行业的客户交付了600多套自动化物流仓储系统。北起院同时也是国内著名的物流设备研制及系统集成商。

9.3.2 企业物流仓储装备产品近三年的市场情况简述

在物流仓储装备领域，北起院为客户提供定制化的物流解决方案。北起院承担物流工程总承包（系统集成）、交钥匙工程、物流系统总体规划与咨询，秉承“诚信、担当、实干、创新”的企业精神，从数据分析、规划仿真、设备选型、与土建配合、生产制造、安装调试、测试运行、上线保障，到售后服务，北起院为每一个客户提供量身定制的物流解决方案和全过程、全周期的工程服务。几十年来，在行业内树立了良好的口碑。

近年来，除了在传统的医药、服装、纺织、机电等领域优势发展以外，还不断拓展新兴领域。如在家居行业，在上海建设宜家家居物流中心，将为居然之家在天津建设首个智慧物流中心；在电商领域，为京东提供杭州和成都两个区域仓；在智能制造领域，为美的广州新厂和北京奔驰厂提供智能物流解决方案，协同用户进行数字化车间建设。在技术方面，随着电子商务的爆炸式增长，以及传统工业的转型升级，智能制造工程的落地，北起院不断提升专用技术，在密集储存技术、“货到人”拣选技术、机器人码垛技术、系统远程运维等方面都有突破，并在实践中不断修正和提升，为电商的新兴物流体系布局提供精细物流技术支撑，为传统工业的转型升级提供核心智能物流装备和智能工厂的物流解决方案。

除了自行研究开发以外，北起院还保持开放的心态，与众多的国外厂商合作共赢，为用户提供更多的选择方案，如与大福合作，为上汽集团建设上海汽车国际分拨中心项目。

9.3.3 企业2016—2017年物流仓储装备产品的总销售额

北起院物流仓储装备产品销售额2016年4亿元，2017年5亿元，稳步提升。

9.3.4 发布《中国物流仓储装备产业发展研究报告（2016—2017)》对企业的作用

目前，中国物流市场需求强劲，物流技术发展更是日新月异，整个行业呈现百花齐放、百家争鸣的状态，是一个新兴活跃的市场。全世界排名前20家的集成商，都已经进入中国，角逐中国市场。同时，国内众多企业，在资本的推动下，也纷纷进入参与竞争，如叉车行业，纷纷拓宽业务。由于非特种设备没有国家监管和准入，行业门槛被拉低。企业知识产权保护意识弱，行业竞争残酷，形成良莠不齐、逐鹿中原的场景。

为了行业的健康发展，急需有行业内代表企业利益的、自己的、权威的声音，真实地说明行业的状况，让业内业外的企业都能看到一个真实的情况。

中国机械工程学会组织发布《中国物流仓储装备产业发展研究报告（2016—2017)》是一件为众多企业谋福利的好事、益事。行业的真实数据、技术方向，都会让众多的企业能够受益，在这个行业中寻找到自己在产业链上的定位，分工协作，共同发展。

北起院作为最早进入物流装备行业的企业之一，愿意与同行业的企业一起，为我国的物流装备行业做强做大而贡献一份力量。

9.3.5 对中国物流仓储装备产业发展的期望

近年来，由于人工智能、增材制造、智能机器人、物联网、云计算、大数据等新兴技术不断取得突破，其与物流领域的融合度越来越高，以及新业态、新模式、新产品的不断涌现，新一轮的产业升级即将到来。

我们期望中国物流仓储装备产业不仅仅要做大，也要逐渐向做强转化，注重技术创新与模式创新；正确定位，分工合作，打造行业持续发展环境，期待我们的企业也能站在国际舞台，成为国际化物料搬运领域的制造商、集成商，为推进国家的经济增长助力。

9.3.6 对《中国物流仓储装备产业发展研究报告（2016—2017）》发布的建议

当今，工业、能源和物流的数字化整合正在加速，生产和物流之间的联系日渐紧密，物流与供应链日益融合，物流装备必将迎来新一轮增长。此时，《中国物流仓储装备产业发展研究报告（2016—2017）》的发布是物流装备行业的幸事，期望坚持5~10年，逐步完善统计维度和数据，做好行业动态分析，打造能够真实反映行业情况的发展报告，为行业发展做出预判，打造中国企业自己的排行榜，对国内的企业起引领作用，真正地引导民族工业健康发展。

9.4 杭叉集团股份有限公司

9.4.1 企业简介

杭叉集团股份有限公司（以下简称“杭叉集团”）是中国目前大型的专业叉车研发制造集团之一，是上海证券交易所主板（A股）上市企业，股票代码603298，注册资本61885.418万元。公司总部位于浙江临安经济开发区，现占地面积1300余亩，下属71个控股子公司、7个参股公司，共有员工3500多人。公司是中国工业车辆行业排头兵企业，入围中国大企业集团竞争力500强、中国制造业500强企业、中国民营500强企业、中国机械工业100强，获“中国出口质量安全示范企业”称号，是杭州市功勋企业。

杭叉集团是国家高新技术企业，拥有国家认定企业技术中心、国家认可实验室、杭叉智能工业车辆省级重点企业研究院、博士后科研工作站和智能工业车辆院士工作站等国家级、省级技术创新平台。杭叉集团依托40余年的叉车研发制造的技术积淀，探索构建了与企业战略目标和行业地位相适应的以舒适性、安全性、绿色节能和智能化技术为核心，以智能制造工艺技术和试验检测技术为两翼的“一核两翼，全面统筹”技术创新体系。公司拥有十分完备的产品体系，已经形成了1~48t内燃叉车、0.75~16t电动叉车、集装箱正面起重机、集装箱空箱车、内燃牵引车、电动牵引车、电动仓储车辆、智能工业车辆以及智能物流系统等全系列、多品种的产品结构。值得一提的是，杭叉集团紧紧把握互联网快速发展的机遇，率先在行业内开展智能工业车辆和智能物流系统的研发，已成功研发出五大系列二十多款智能工业车辆AGV产品，推出了基于传统叉车的云智能叉车平台和基于AGV的全自动智能物流系统，拥有为沈阳宝马、京东物流、中策橡胶等国内多家知名企业成功实施智能物流整体解决方案的经验，已成为国内领先的智能物流整体解决方案供应商。

杭叉集团在国内外设立了80多家直属销售分、子公司，450多家授权经销服务商和特许经销店，其中包含了直销型的欧洲公司、美国公司、东南亚公司，为全球用户提供优质的产品和服务。2017年，实现叉车产品销量超10万台，营业收入达70多亿元。

9.4.2 企业物流仓储装备产品近三年的市场情况简述

以叉车为代表的机动工业车辆产品目前仍是物流仓储装备的市场需求主体。杭叉集团多年来始终坚持叉车研发制造为主业，同时也紧紧把握现代仓储技术与装备发展方向，积极利用物联网、互联网技术开展AGV等智能化产品的研发、应用。2015年，杭叉生产各类叉车总量66448台，2016年杭叉生产各类叉车总量81603台，2017年杭叉生产各类叉车总量105414台。

9.4.3 企业2016、2017年物流仓储装备产品的总销售额

2016年，杭叉集团实现营业收入53.71亿元，同比增长17.42%；2017年杭叉集团实现营业收入70.04亿元，同比增长30.4%。

9.4.4 发布《中国物流仓储装备产业发展研究报告（2016—2017）》对企业的作用

《中国物流仓储装备产业发展研究报告（2016—2017）》能够让企业从全局的角度来了解中国物流装备产业的发展现状、发展方向、细分市场的产品需求、企业自身在产业中的地位等，对企业制定技术开发方向及市场拓展方向、制定中长期战略规划都具有很强的指导意义。

9.4.5 对中国物流仓储装备产业发展的期望

根据国内外的发展经验，制造业转型升级阶段往往是物流技术装备产业的大发展阶

段，制造业的转型升级需要现代物流技术装备支撑，企业需要加大物流技术进步，提高物流作业的机械化、自动化和智能化水平，这也是前几年中国物流技术装备出现繁荣和大发展的基础。我们认为，随着电商、医药、冷链等精细化的物流需求的快速增长，物流市场细分化将更加明显。受内需扩大特别是网上购物需求的带动，快递、快运、配送等物流市场保持高速增长。快速消费品、食品、医药、家电、电子、汽车等与居民消费相关的物流市场保持较高增长。农村物流、社区物流趋于活跃，冷链物流宅配市场受到关注，资本市场纷纷看好现代物流业新的发展潜力。近年来多家产业基金和投资公司投资快递、公路快运、冷链物流、化工物流、物流地产等领域，投资的重点都是关注新技术和新装备对现代物流的整合，关注现代物流技术的应用，关注互联网+环境下的物流模式创新，从而带动了大数据、云计算、物联网、移动互联、智慧物流等新物流技术的扩大应用。物流仓储装备产业强大的市场需求吸引了众多的参与者，未来的市场竞争也必然更加激烈，因此我们期望物流仓储装备产业能够在政府或产业协会等的指引下有序发展，整合行业的优势资源，培育出每个细分产品领域的引领型企业，从而提升中国物流仓储装备的国际竞争力。

9.4.6 对《中国物流仓储装备产业发展研究报告（2016—2017）》发布的建议

当前，随着中美贸易摩擦的逐渐升级，对物流装备制造企业产品出口的影响已经逐渐显现。同时近年来供给侧结构性改革的深入也使得制造物流装备所需的钢材等原材料的价格不断上涨。内外部环境的压力，使装备制造企业在2018年都面临着较以往更为严峻的挑战。因此我们希望《中国物流仓储装备产业发展研究报告（2016—2017）》能够深度挖掘中国物流装备产业优、劣势，以及外资企业在该领域的发展现状，从而更加清晰地了解中国物流仓储装备在全球的影响力，能够让产业内的众多企业在政府或产业协会领导下充分发挥自身优势，寻找能有力应对挑战的突破口。

9.5 科捷智能装备有限公司

9.5.1 企业简介

科捷智能装备有限公司（原青岛科捷物流科技有限公司，以下简称“科捷智能”）是一家专注于智慧物流、智能制造系统解决方案，集研发、销售、设计、制造和服务为一体的高新技术企业。拥有 209 亩的装备制造基地和 20000m^2的研发中心，是业内创新型数字化和智能制造加工、科研基地。销售与技术支持中心和交付运营中心分别位于上海和青岛。

科捷智能以智能科技为驱动，致力于为客户提供智慧物流、智能制造系统解决方案。从各类输送机、自动化立体仓库、分拣装备、机器人、AGV、视觉识别系统到智能制造系统集成，已经成为拥有国内外领先技术、高端设备研发生产能力和能够提供个性定制化行业解决方案的全产业链服务商。业务范围现已覆盖快递、电商、家电、家居、医疗器械、医药、服装、汽车、轮胎、军工等诸多行业，并在全球范围内为客户提供稳定、灵活、具有成本效益的解决方案，致力于在长期的合作中与客户建立强有力的合作伙伴关系。

9.5.2　企业物流仓储装备产品近三年的市场情况简述

近三年来，科捷智能本着科技创新、质量第一的原则，在自动化物流仓储装备上不断探索和优化，利用先进的技术手段、结合客户实际应用，开发出一系列适用于不同场景的自动化仓储设备，如堆垛机、多层穿梭车、自动引导小车、机械臂、龙门架、分拣机、链条输送机、辊筒输送机、顶升移栽机、顶升设备、顶升旋转机、码垛机、拆盘机和提升机等设备，并结合相应的控制软件，如仓储管理系统（WMS）、仓储控制系统（WCS）、智能分拣系统（SDS）等，从分拣、搬运、码垛、输送、存储等方面，去满足不同客户对不同仓储功能的需求。

以科捷智能为法国司米橱柜定制的自动化拼单分拣系统解决方案为例，我们在了解客户的生产过程后，为客户在生产制造流程中的瓶颈部分，运用自动化物流仓储设备为其建立中转仓，创新设计了针对超大尺寸货物的自动化分拣系统，为其突破分拣效率，并定制化地研发了三层三工位穿梭车，用于解决两种大小兼容问题和空、满托盘切换的及时性问题。增强了客户生产过程中的分拣和不同规格运输的效率，并将自动化向前端流程做出延伸，而不再只是专注于末端的成品存储及物流发货自动化，大大提升了客户的生产效率，降低了人工分拣造成的错分问题。

科捷智能专注于智慧物流和智能制造系统解决方案，这些定制化的解决方案能大大提高客户的生产效率，降低人工、时间和空间成本。目前我们的客户已涉及快递、电商、家电、家居、医疗器械、医药、服装、汽车、轮胎、军工等诸多行业，主要客户有富士康、海尔、法国司米、索菲亚、万力轮胎、德赛西威、新华医疗、顺丰、京东、苏宁、菜鸟等。

9.5.3　企业 2016、2017 年物流仓储装备产品的总销售额

随着自动化物流仓储应用的逐年升温，科捷智能装备有限公司在自动化仓储中的销售份额也越来越大，2016 年销售额为 15000 万元，2017 年的销售额为 27000 万元。

9.5.4 发布《中国物流仓储装备产业发展研究报告（2016—2017）》对企业的作用

该报告的发布，对整个产业链有着梳理、整合的作用，可以让企业清楚了解目前国内物流装备整体的发展情况，可以学习交流、相互促进，是一个交流学习的平台，也可以让企业更了解产业未来的趋势，更好地制定企业的战略布局。

9.5.5 对中国物流仓储装备产业发展的期望

对于整体的物流仓储装备来说，更多自动化、智能化、去人工化的装备将逐步取代人工和半机械化装备，而在物流仓储装备的应用中，企业更多针对的是在单一的末端成品仓储中的应用。对于未来产业及智能制造的发展，希望企业能够更加重视在与工艺生产自动化相结合的原材料、半成品仓中的应用。这样，生产过程中分散、小而智能化的仓储空间将会为企业带来更多空间、管理和成本的优势。同时加速整个产业的发展，可以在不断满足客户应用场景需求的同时，促进装备性能不断创新升级。

9.5.6 对《中国物流仓储装备产业发展研究报告（2016—2017）》发布的建议

希望该报告具有准确性和权威性，能透彻地解读整个产业链，不是仅有泛泛而谈的框架，而是在给同行看的时候能准确地树立标杆，给客户看的时候也能准确地找到他们想要的供应商信息和最新的技术信息。

9.6 昆明昆船物流信息产业有限公司

9.6.1 企业简介

昆明昆船物流信息产业有限公司（以下简称“昆船物流”），隶属于世界500强企业中国船舶重工集团有限公司下属的昆明船舶设备集团有限公司，在全国设有华东、华中、华南、成都和北方五个分公司。公司现有职工750余人，其中工程技术人员300余人，资产总额8.28亿元。昆船物流装备产业园区占地面积200余亩，建筑面积约12万m^2，是集技术研发、产品设计、系统试验、生产制造、经营服务为一体的专业化园区。昆船物流可为用户提供自动化立体仓库系统、自动化配送系统、自动化生产线物料处理系统及项目咨询规划、方案设计、系统仿真、优化设计、生产制造、安装调试、售后服务等一站式的自动化物流系统整体解决方案。

昆船物流通过整合昆船公司"国家首批企业技术中心、国家首批命名的创新型企业、国家首批企事业知识产权示范单位、国家首批企业博士后工作站"的研发、生产资源，打造了一批技术领先、品质优良的自动化物流系统及一批具有自主知识产权的单机产品，其中，中国运载火箭研究院、石家庄印钞、上烟卷烟厂"中华专线"、杭州老板电器、贵州茅台、石家庄药业、江苏龙凤堂、广西柳药、海航海口美兰基地航材自动化立体库等项目已成为行业标杆型项目，技术指标处于国际先进水平。

经过多年的发展，昆船物流已在我国物流自动化装备行业确立了领导品牌地位，销售额持续多年在国内自动化物流行业里名列前茅，现已成为行业经验最丰富的系统集成商、行业领先的解决方案提供商、个性化定制的专业设备研发制造商、最受欢迎的中国物流技术装备提供商，并连续 6 年上榜"中国软件百强企业"，获得国家级、省部级及行业协会奖励、荣誉百余项。

展望未来，昆船物流将秉承执着追求、持续创新的企业精神，遵循"开发有限空间，创造高效流畅"的专业理念，面向"中国制造 2025"，立志打造中国最强最大的自动化物流系统及装备研发生产基地，全面满足用户物流自动化、专业化、系统化、柔性化、信息化、智能化的需求，与用户携手并进，共创辉煌！

9.6.2 企业物流仓储装备产品近三年的市场情况简述

近三年，昆船物流在巩固烟草、医药、能源、电力、军方等行业市场优势基础之上，不断开拓电商、快递、商超等新兴市场，效果显著，公司年均销售总额增长 15%以上。为提高物流集成项目的系统稳定性和可追溯性，在昆船物流承建的自动化物流总体集成系统项目中，堆垛机、RGV、AGV 等物流核心主机常采用昆船自制的高性能设备。通常情况下，集成项目中存储设备占比 40%，搬运输送设备占比 12%，分拣拣选设备占比 18%，包装及辅助设备占比 6%，信息检测设备占比 1%，信息系统占比 22%，其他占比 1%。预计未来，昆船物流会适当选择一些设备性能好、供货及时、信用度较高的物流装备制造商作为昆船物流集成项目的辅助设备提供商，与优秀的同行业企业合作发展。

近几年，国内宏观经济整体向好，物流仓储装备项目需求信息较多。在电商行业，市场需求极其旺盛，昆船也与京东、菜鸟、顺丰、网易等行业领军企业成功展开合作，并顺利建成多个大规模的物流中心、集散中心；在新能源锂电行业，昆船物流已顺利实施中航锂电、风帆股份等行业示范项目，现已成功验收，并获得用户一致好评；在医药行业，凭借"石药"欧意园区、"石药"恩必普园区、神威药业、"烟台新时代"、华润湖南医药生产配送中心、齐鲁制药、江苏龙凤堂、特格尔医药、浙江华海药业等多个医药仓储物流中心项目的实施经验，昆船物流已在国内医药行业具备一定的品牌影响力，行业市场发展前景广阔。

9.6.3 企业2016、2017年物流仓储装备产品的总销售额

昆船物流凭借多年的物流专业技术及大型项目的实施经验积累，在业内获得了用户的一致认可，市场销售连年稳步增长。2016年及2017年实现年销售总额12.8亿元及13.83亿元，营业收入分别为11.2亿元及13.3亿元。

9.6.4 发布《中国物流仓储装备产业发展研究报告（2016—2017）》对企业的作用

《中国物流仓储装备产业发展研究报告（2016—2017）》的顺利编写出版，详细呈现了2016—2017年度中国物流仓储装备行业知名企业的市场情况、销售状况、核心物流产品及企业发展状况，深入探讨了中国物流仓储装备产业的发展现状及未来的发展方向，为中国物流仓储装备制造企业提供了学习和借鉴的高价值行业信息，具有较高的实用性和可读性。为物流仓储装备需求企业选择供应商提供了清晰、直观、可靠的参考依据，更为物流仓储装备的制造商和用户架起了一座了解、沟通、合作的桥梁。

9.6.5 对中国物流仓储装备产业发展的期望

中国物流仓储装备产业与国外相比起步较晚，在很大程度上依靠烟草等行业带动发展，目前医药、能源、电力、电商行业需求发展迅速，国内市场涌现出大量物流仓储装备制造企业，同质化竞争特点较为突出，低价竞标愈演愈烈。其中，部分企业通过一些渠道了解到新设备、新工艺或新技术时，不是潜心深入研究，而是直接模仿或者盗版，最终导致同一款基本无差异的新产品在短时间内蜂拥上市的市场“丑态”出现。因此，希望国内物流仓储装备行业企业把自主技术创新放在首位，遵循市场规律，遵守市场规则，做一个有尊严、有自我、有底气的实力企业。

由于国内物流仓储装备行业生产制造水平与行业先进相比还具有一定差距，国家虽然出台了部分扶持发展政策，但迫于升级换代成本高昂，生产制造水平提升速度依然过于缓慢。这就需要整个行业企业立足长远，加快推进智能制造工厂的建设进度，尽力争取更多的扶持政策以帮助企业度过“寒冬”。

目前，物流仓储装备产业还处于高速发展阶段，市场空间巨大，物流仓储装备研发制造企业需要结合企业自身的资源优势和技术优势，扬长避短，选择较为适合自身发展的技术方向及目标市场，精耕细作，不断提升企业的差异化竞争优势。

希望政府主管部门建立物流仓储装备行业企业诚信档案，对于具有不遵守市场秩序、恶意侵犯其他企业知识产权、采取不正当竞争手段等行为的企业立即记入诚信档案，为净化物流仓储装备行业市场保驾护航。

9.6.6 对《中国物流仓储装备产业发展研究报告（2016—2017）》发布的建议

建议《中国物流仓储装备产业发展研究报告（2016—2017）》成功出版发行后，将该书的纸质版本及电子版本同时发送给参编单位，以便收藏、查阅。

9.7 上海精星仓储设备工程有限公司

9.7.1 企业简介

上海精星仓储设备工程有限公司（以下简称“精星”）创立于1989年，前身为上海金星货架厂。精星是亚洲大型的货架制造企业，是专业从事仓储货架和自动化立体仓库等仓储物流设备的设计、制造、安装、调试的高科技民营企业。精星旗下有闵行莘庄工业区、松江工业区两大生产基地，占地面积超过15万m^2，2015年在浙江湖州启动了新的物流设备制造工厂建设，总占地面积超21万m^2。

作为上海市高新技术企业、上海名牌企业，精星率先从德国Dreistern公司引进最先进的多条全自动轧机生产线，具有数控智能化连冲连轧技术和断续冲孔功能，同时还引进7套瑞士金马全自动静电粉体喷涂设备、ABB自动焊接机器人、MESSER激光切割机等先进制造设备，其精度高、速度快，是高产能和质量精品的有力保证，并通过了ISO 9001国际质量管理体系及ISO 14001国际环境管理体系认证。此外，精星通过有限元分析及符合欧盟EN规范的自制试验设备，对产品进行精准选型设计及全方位检测，使产品达到国内及欧洲标准，并获得了澳洲及欧洲发达国家的产品准入资格。

精星重视自主研发，谋求创新发展，于2010年成立省级研发机构“上海仓储物流设备工程技术研究中心”。2017年，公司获得上海市科技进步二等奖，并有多项创新研发新产品及论文专著和专利发表。

作为仓储物流设备行业的龙头企业，精星一直秉持“精进日新、精益求精”的企业精神，以真诚专业的服务，立足客户角度，打造全系列仓储物流设备解决方案。目前，精星客户群体遍及海内外，合作伙伴遍布食品饮料、商业配送、电子电器、医药、家具、酒类、轮胎、烟草、第三方物流等各行各业，是沃尔玛（中国）、上汽集团、广汽集团等国内数十家著名企业的指定供应商。截止到目前，精星已在国内外各地成功打造了15000多座形式各异的立体库，其中自动化立体库有1200多座，在物流仓储行业中享有很高的知名度及美誉度。

精星将秉承“开放、竞争、包容、创新”的理念与机制，努力向着“成为世界一流的仓储物流设备专业制造商”的目标迈进！

9.7.2 企业物流仓储装备产品近三年的市场情况简述

精星率先从德国、瑞士引进全自动轧机生产线和喷涂线，并配备了大量加工中心、自动焊接机器人、数控切割机等先进数控设备，有力保障了产品质量及项目工期的控制。公司有经验丰富的专业安装团队300多人，具有海外施工经验和齐全的项目管理体系和实施方案。

近三年，精星产品市场占有率一直处于国内领先水平，主导产品AS/RS自动化物流存储设备等已经销往全国各省市及东南亚国家，在物流设备行业享有很高的知名度和优良的声誉，并创造了多个第一。比如，1989年公司成功建造国内第一个自动化立体仓库组合货架，第一重力式自动化立体仓库，第一座30m高的国内最先进的海烟物流自动化立体仓库，世界上最长的抬升家具自动化立体仓库，出口印尼GG公司的35m高15万个货位自动化立体仓库库架合一大型项目，高度达45m的泰国森麒麟轮胎智能化库架合一项目仓库等多个在存储货架行业中具有影响的仓库。近年来，随着国内外仓储物流行业技术的快速发展，精星的库架合一存储系统、密集存储智能穿梭车、四向穿梭车、箱式多层穿梭车、输送分拣系统陆续投放市场，为精星的市场发展取得了新的增长点。

9.7.3 企业2016、2017年物流仓储装备产品的总销售额

2016年，公司物流仓储装备产品营业收入110218万元，2017年物流仓储装备产品营业收入达137556万元，公司产品的营业额在行业内一直保持前列。

9.7.4 发布《中国物流仓储装备产业发展研究报告（2016—2017）》对企业的作用

受益于国家“一带一路”倡议推进及经济转型发展所需，结合实施“中国制造2025”和“互联网+”战略要求，近年来国内物流行业得到了快速发展，同时也直接拉动了我国对先进物流技术装备的需求，极大促进了物流技术装备行业的发展，专业化的新型物流装备和新技术物流装备系统不断涌现。在技术全球化的影响下，国内的物流装备企业通过不断的技术积累和技术创新，使产品的技术水平和质量得到了极大提高，保持了在快速发展的行业中的有利地位。然而与发达国家相比，我国的物流技术水平还存在差距。

《中国物流仓储装备产业发展研究报告（2016—2017）》的发布，不仅可以专业权威地解析国内外物流装备行业发展现状，还可以引领国内物流行业企业发展的趋势和方向，全面构建物流装备企业平台，以平台创新的资源组织形式和企业联盟的组织方式，服务于智能制造和智慧物流的庞大体系，达到提高物流效率和服务竞争力的效果，在彼此联动、互相促进中成就智能物流装备行业整体水平的提升。

9.7.5　对中国物流仓储装备产业发展的期望

随着物流装备行业的快速发展，互联网、大数据、云计算、人工智能等技术越来越多地应用于物流领域，物流技术装备业面临着良好的宏观经济环境与产业政策环境，这将推动物流行业智慧升级，为物流装备行业带来发展的新机遇。现阶段，中国物流装备市场需求差异性非常大，需求层次非常多，各种物流装备长期并存，目前主要呈现的特点是自动化为主流，智慧化为趋势，出现了智能装备创新、企业跨界发展、物流标准化推进、资本整合加剧、企业联合共生等新变化与新趋势；然而，市场格局分散、产品同质化、低价竞争、行业整体技术水平仍有待提升等客观现实，也提醒我们未来还有很长一段路要走。未来，期望中国物流仓储装备产业在市场的推动下，在相关利好政策的扶持下，物流运行环境进一步改善，进一步提升物流业信息化、标准化、智能化水平，更加关注质量，重视服务，不断技术创新。

9.7.6　对《中国物流仓储装备产业发展研究报告（2016—2017）》发布的建议

希望《中国物流仓储装备产业发展研究报告（2016—2017）》能公开、公正、权威地展现中国物流发展的现状和态势，成为国内物流设备企业发展的一个航标。

9.8　新松机器人自动化股份有限公司

9.8.1　企业简介

新松机器人自动化股份有限公司（以下简称“新松”）隶属中国科学院，是一家以机器人技术为核心，致力于全智能产品及服务的高科技上市企业，是中国机器人产业前10名的核心牵头企业，是全球机器人产品线齐全的厂商，也是国家机器人产业化基地。

新松成立于2000年，本部位于沈阳，在上海设有国际总部，在北京设有投资总部，在沈阳、上海、杭州、青岛建有产业园区，现已在全国多个经济热点区域构建了立体化的研发及服务网络。同时，新松积极布局国际市场，在新加坡设立子公司。公司现拥有4000余人的研发创新团队，形成了以自主核心技术、核心零部件、核心产品及行业系统解决方案为一体的完整全产业价值链，公司目前的总市值位居国际同行业前三位。作为中国机器人产业的翘楚和“工业4.0”的践行者与推动者，成功研制出了具有完全自主知识产权的工业机器人、移动机器人、特种机器人、服务机器人四大系列百类产品，面向智能装备、智能物流、智能工厂、智能交通，形成八大产业方向，致力于打造数字化物联新模式。新松为全球3000余家国际跨国企业提供产业升级服务，已累计出口到32个国家和地区，与“一带一路”17个国家和地区有深切合作。其中，移动机器人综合竞争实力突出；洁净（真空）机器人打破国外技术封锁，填补了我国在该领域的空白；工业机器人在国民经济重要领域广泛应用；服务机器人业也畅销海内外。

新松智能物流是新松重要的业务板块之一，是国内知名的自动化物流系统集成商和自动化物流装备供应商，拥有完整的自动化物流装备产业线，核心产品完全自主研发设计、加工制造，包括智能存储系统、搬运输送系统、拣选系统、分拣系统、相关机器人以及智能物流信息系统。围绕着工厂自动化、智能制造升级以及商贸流通物流市场的快速增长需求，新松物流将先进物流装备技术与行业特点相结合，融入信息以及物联网技术与现代物流管理理念，为客户提供一站式智能物流系统解决方案，相关产品广泛应用于制造业、商贸流通等不同物流领域。

9.8.2 企业物流仓储装备产品近三年的市场情况简述

1. 物流仓储装备持续创新

近三年，公司在智能物流领域的研发成果再创新高，先后研发出了电池堆垛机、双托盘联动、特种超长堆垛机、超高堆垛机、超低工位穿梭车、自动装卸货系统以及智能物流信息系统等多项新产品。其中，三深位伸缩货叉打破了国外行业垄断，对公司拓展国内外市场意义重大。

公司依托丰富的产品线，集合智能软件、机器人与智能装备，为客户提供一站式的物流系统解决方案，作为系统集成服务大型一级企业，凭借卓越的技术和独特的软硬件综合实力，公司保持了在汽车、电力、医药、锂电池、电子电器、3C、地铁等行业市场优势的同时，积极开拓电子商务、印刷、卫浴、半导体、汽车零部件等新市场领域。公司为天猫嘉兴菜鸟打造了第一条智能物流系统，为九牧打造了卫浴行业智能物流标杆项目；公司首创防爆智能仓储物流系统成功签约；公司打造了国内首套平板显示器（Flat Panel Display，FPD）行业自动化立体仓库的搬运设备；公司与宁德新能源、米其林、华域三电等知名企业合作，持续扩大公司在海外市场的影响力。

2. 移动机器人提升国际影响力

（1）移动机器人担负国家重任参演平昌冬奥会闭幕式　公司瞄准机器人在文化产业发展的市场契机，自主研发出以超低车身底盘为基础用于舞台表演的移动机器人，该产品具有灵活、精准、高速的运行特点，融合物联网技术实现了单车自有路线规划，多车系统组合联动。该产品凭借国际领先的技术和独特的应用视角，参演平昌冬奥会闭幕式，以全新的导航算法、通信系统及电池加温处理等独特方式，首次实现在超低温、强烈干扰的环境下“舞动演出”，成为国家高科技元素的代表，为公司进军全球文化产业市场打响完美的第一枪。

（2）移动机器人布局锂电池等新领域　公司移动机器人覆盖范围广泛，在汽车、电力、智能物流等领域具有较强的市场优势。近三年公司在巩固和深耕优势市场的同时发展锂电池、新能源汽车、家电等新兴市场。公司移动机器人为宁德时代锂电池生产设计了国内首创高精度生产对接系统，并获得锂电池市场的持续订单。公司为国内知名的新能源汽车厂商提供了汽车底盘合装系统解决方案。此外，公司成功将激光导航 AGV 和惯性导航 AGV 复合使用在同一作业环境，实现了在家电行业的首次应用，进一步验证了公司新型移动机器人调度系统的智能性与可靠性，为未来综合物流解决方案提供了新的思路。

（3）移动机器人拓展海外新市场　移动机器人是公司最具有国际竞争力的产品之一，是公司最早实现出口的机器人产品。公司凭借移动机器人过硬的产品和服务，继与通用、福特、宝马等国际一流的汽车厂商保持良好的合作关系后，成功成为捷豹、路虎汽车厂商的供应商，为公司继续扩大海外市场提供了新的支持。

9.8.3　企业 2016、2017 年物流仓储装备产品的总销售额

由于上市公司证券部审核原因，除公司对外公开年度报告，不方便单独披露物流仓储装备产品的总销售额。

9.8.4　发布《中国物流仓储装备产业发展研究报告（2016—2017)》对企业的作用

《中国物流仓储装备产业发展研究报告（2016—2017）》的发布可以使广大企业更好、更全面地了解整个物流装备产业的发展，有利于企业在行业内的定位与健康发展。

9.8.5　对中国物流仓储装备产业发展的期望

1）国内物流装备企业能够持续进行技术以及服务创新，提高核心产品竞争力。

2）物流装备产业市场秩序能够得到规范，营造良好的市场环境，避免低价恶性竞争。

3）构建良好的供应链协作，打造合作共赢的供应链体系和市场分工。

9.8.6 对《中国物流仓储装备产业发展研究报告（2016—2017）》发布的建议

1）能够收集比较准确的行业数据。

2）针对市场现状提供有前瞻性的行业发展报告及风险建议等。

3）能够起到有效规范市场，促进行业健康发展的作用。

结束语

《国务院关于加快培育和发展战略性新兴产业的决定》确定了我国未来经济社会发展的战略重点和方向是战略性新兴产业，并且根据我国国情和科技、产业基础，制定出了现阶段重点发展的包括节能环保、新一代信息技术、生物、高端装备制造、新能源、新材料、新能源汽车等在内的七大新兴产业。可见，未来几年七大战略性新兴产业将成为国家重点支持、大力推广的产业。

《中国物流仓储装备产业发展研究报告（2016—2017）》立足物流仓储装备产业相关数据和现状，对物流仓储装备产业进行了分析，可以使读者对国内外物流仓储装备产业有一个较为深入的认识，并可以更清晰地展望物流仓储装备产业的未来。在贯彻落实国家战略决策，提高政府、企业以及物流业同仁对战略性新兴产业物流装备的关注及其认识，为政府制定新的战略规划提供系统理论指导和科学决策依据，以及为企业和研究单位人员开阔视野，强化关键核心技术重要性的认识三个方面，相信《中国物流仓储装备产业发展研究报告（2016—2017）》的发布将产生一定的推动作用，为物流仓储装备产业的发展与腾飞做出应有的贡献。

《中国物流仓储装备产业发展研究报告（2016—2017）》的编写是一次尝试和探索，其中可能存在不完善的地方，期待业内专家、同仁提出意见和建议，我们将在以后的编写中积极改进，日臻完善。

参 考 文 献

[1] 陆大明，等. 中国战略性新兴产业研究与发展：物流仓储装备 [M]. 北京：机械工业出版社，2017.

[2] 中国机械工程学会物流工程分会. 物流工程技术路线图 [M]. 北京：中国科学技术出版社，2015.

[3] 中国机械工程学会. 中国机械工程技术路线图 [M]. 2 版. 北京：中国科学技术出版社，2016.

[4] 中国机械工程学会物流工程分会. "数控一代"案例集：物流技术与装备卷 [M]. 北京：中国科学技术出版社，2016.

[5] 赵炯，周奇才，熊肖磊，等. 设备故障诊断及远程维护技术 [M]. 北京：机械工业出版社，2014.

致　谢

本书的编写得到了各方面的支持和帮助，特别是企业界的关注和助力。其中有50多家企业给予了积极反馈，为本书提供了真实数据。编委会在此表示衷心感谢！

具体名单如下（按企业名称的汉语拼音首字母排序）。

序　号	企业名称
1	北京机械工业自动化研究所有限公司
2	北京京东世纪贸易有限公司
3	北京康拓红外技术股份有限公司
4	北京起重运输机械设计研究院有限公司
5	北京伍强科技有限公司
6	成都西部泰力智能设备股份有限公司
7	得利捷(深圳)工业自动化有限公司
8	广东海力储存设备股份有限公司
9	广东顺力智能物流装备股份有限公司
10	河北博柯莱智能装备科技股份有限公司
11	河北滦宝装备制造有限公司
12	湖北三丰智能输送装备股份有限公司
13	湖州锐格物流科技有限公司
14	湖州双力自动化科技装备有限公司
15	华晟(青岛)智能装备科技有限公司
16	黄石邦柯科技股份有限公司
17	机科发展科技股份有限公司
18	江苏高科物流科技股份有限公司
19	江苏六维智能物流装备股份有限公司
20	科大智能科技股份有限公司
21	昆明昆船物流信息产业有限公司

（续）

序号	企业名称
22	林德（中国）叉车有限公司
23	罗伯泰克自动化科技（苏州）有限公司
24	南京音飞储存设备（集团）股份有限公司
25	宁波舜宇贝尔自动化有限公司
26	普天物流技术有限公司
27	青岛科捷物流科技有限公司
28	山西东杰智能物流装备股份有限公司
29	上海ABB工程有限公司
30	上海精星仓储设备工程有限公司
31	上海快仓智能科技有限公司
32	上海睿丰自动化系统有限公司
33	深圳市今天国际物流技术股份有限公司
34	沈阳飞机工业集团物流装备有限公司
35	沈阳新松机器人自动化股份有限公司
36	世仓智能仓储设备（上海）股份有限公司
37	苏州市普成机械有限公司
38	苏州希倍优辊轮有限公司
39	苏州怡丰自动化装备有限公司
40	太原福莱瑞达物流设备科技有限公司
41	天奇自动化工程股份有限公司
42	无锡中鼎集成技术有限公司
43	英洛华科技股份有限公司
44	英特诺企业管理（上海）有限公司
45	云南迦南飞奇科技有限公司
46	浙江德马科技股份有限公司
47	浙江德能物流装备科技有限公司
48	浙江厚达智能科技股份有限公司
49	浙江中轴物流设备有限公司
50	中国中元国际工程有限公司
51	中邮科技有限责任公司